イラストでよくわかる

60歳からの疲れない片づけと家事

本間朝子

青春新書
PLAYBOOKS

はじめに

60代――大変だった子育てが一段落し、家族の扶養義務からも解放され、新しいことにチャレンジしたり、自分の好きなことに打ち込んだり、気持ちにも時間にもゆとりができて、自由に人生を楽しめる時期。「人生の完成期」とも呼ばれる時期です。

ここまで家族のためにがんばってきたあなたへ、本当にお疲れさまでした。ある調査によると、家事の時間は平均1日4・4時間。1985年の女性の平均初婚年齢がだいたい25歳ですから、4時間×365日×35年間で5万1100時間。35年間の結婚生活のうち、なんと5年以上も家事をしていた計算になります。

家事はまだまだ続いていきます。これからのセカンドライフを謳歌するためにも、家の中はスッキリ気持ちよく暮らせるようにしたいものです。でも、もう家事にはうんざりという方も多いことでしょう。

そんな今こそ、家事の見直しをしてみませんか。

家事にはさまざまな方法があります。これまでの時間や労力の半分で済み、それでいて健康で豊かな生活を維持できる方法があります。家事はもうがんばらなくていいんです。

60代は働き盛りの頃よりは若くはありませんが、高齢者というにはまだまだ若い。これからだんだん思い通りに体が動かなくなったり、節々に痛みが出たり、疲れを感じやすくなったりします。自分は元気でも、親の介護の必要に迫られることもあるでしょう。

また、遠くに終活をちょっと見据えながら、少しずつ持ちものを整理しはじめる方も多いことと思います。思い出深くて大切に取っておいたもの、なんとなく捨てられずにいるもの……。

時を重ねながら少しずつ増えていった持ちものを片づけるということは、暮らし全体やこれまでの人生と向き合うことでもあります。だからこそ「なかなか片づかない」「どのように片づければいいかわからない」という方も多いようです。

今こそいいタイミングです。昔教わった常識を脱ぎ捨てて、自分の都合のいい方法にどんどんシフトしていきましょう。

私の運営しているコミュニティにも60代の方がたくさんいらっしゃいます。以前よりもすぐに環境を変えることは難しく、「だからこそ元気な今のうちに、少しずつ暮らしを整えていく」という方が増えています。

今から家事を省力モードにしておけば、これから年を重ねて何か不安が生じても、負担なく自分で家事をして、ていねいな暮らしを維持できます。

この本では、イラストをふんだんに使い、体力が心配な方でも簡単にできるやさしい家事の方法をお伝えしています。片づけや掃除、洗濯などマイナスをゼロにする家事は極力負担を減らし、不要な習慣はやめる方法を、料理は栄養バランスを維持しながらも、ラクに時短できる方法をお伝えしています。

掃除機を持つと手が痛い、洗濯物を干すと肩や腕が疲れる、料理を作るのがおっくうになった……そんな悩みを解決して、穏やかに軽やかに暮らせるようになる1冊です。

ぜひ、60代からの人生を自分らしく謳歌してください。

イラストでよくわかる
60歳からの疲れない片づけと家事 —— もくじ

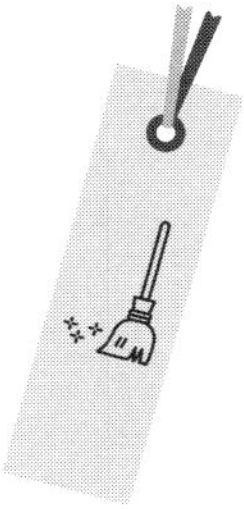

60歳からは「疲れない家事」がいい

60歳は、〝家事の棚卸し〟の季節です 22
「疲れない」「がんばらない」がキーワード 24
手抜きではなく「手間」を省いていく 26
60歳仕様に「できるだけ動かない」で済む環境を整える 28
「モノより自分を主役にする」が、疲れない家事のコツ 30
暮らしをよりラクにする、ライフステージに合わせた「片づけ」を 32

家事をしてこなかった人は、家事に参加するチャンスです　34
環境整備も「疲れない」やり方で　36

疲れない片づけ

手放したいのに手放せない――そんなときは、「7つの問いかけ」が役立ちます　40
収納グッズを買う前に、まずはモノを減らしましょう　42
迷うものは、無理に捨てなくても大丈夫です。ただ、奥のほうにしまいこむのはやめましょう　43
モノの多さに圧倒されそうなときは、アイテム別に整理します　44
「迷うモノ」と「使うモノ」を分けるだけで、収納の使い勝手は大きく変わります　46
取り出しづらく、危ない。高い場所の収納は「空っぽ」を目指しましょう　47
もう、たくさんの保存容器は必要ありません。8個あれば十分です　48
クローゼットのスペースから服の適正量を考えてみましょう　50

私服の制服化で、着ない服が手放しやすく、毎日のコーディネートもラクになります 52
紙モノ整理の基本は、「保管期限」を決めること 54
思い出の写真は小さなアルバムにまとめ、それ以外は手放します 56
ラベルが見えづらい、ケースが重い、フタが硬い…「疲れる」収納を見直しましょう 58
奥行きのある収納には奥に何があるか「見取り図」をつくります 62
どこにいったか迷子になりがちな書類は、クリアホルダーを活用して 63
「つい置いてしまう場所」を「収納場所」に。これで出しっぱなしがなくなります 64
散らかった家の片づけ対策に、「予防片づけ」を取り入れましょう 66
景品、カタログ、便利グッズ…本当は必要ないモノは、もう家に持ち込まないと決めましょう 69
片づけのコツはモノを減らすこと。でも、ハサミとペンはむしろ増やします 70
シャンプー等のストックは、あえて洗面台の鏡の裏に収納します 71
キャスター台にのせて収納すれば、重い季節家電の入替もラクラクです 72
趣味や習い事の道具はレンタルで。これからの人生、道具に縛られずにいられます 74

疲れない掃除

掃除機をやめて、フロアワイパーを主役にしましょう 76
家具の配置を工夫するだけで掃除がしやすくなります 77
伸縮するハンディモップで、掃除の「かがむ・背伸びする」がなくなります 78
汚れのひどいところは使い捨てアイテムの終着駅です 80
生活動線に掃除を組み込んで「ついでに掃除」を習慣化 81
やる「こと」ではなく、かかる「時間」で考えます 83
重いものはキャスター台と車輪を取りつけて移動式に 84
床にモノを置かない、マットやラグもやめる。掃除しやすく、つまずく心配もなくなります 85
ごみ箱は壁掛け式にしてしまいます 86
コード類は宙に浮かせて、ホコリも転倒も予防しましょう 86

やる気が起きないときは、今日は掃除シート1枚分だけ拭くと決めて 88
疲れたときは、フローリングの隅だけ掃除すればOKです 88
野菜室には新聞紙。野菜くずや土の汚れを予防できます 89
ドアポケットには、キッチンペーパーで液だれに備えます 89
冷蔵庫の上はラップでカバー。定期的に交換するだけで、ずっと清潔です 90
冷蔵庫やキッチンの引き出しは開閉のタイミングでサッと拭きましょう 90
1口コンロタイプのアルミガードが油汚れを防ぎます 92
排水口の水切りネットは、まずシンクを掃除してからセットします 93
調理の前後5分間、換気扇を回すことが、掃除をラクにするコツです 94
野菜は洗う前に皮をむけば、生ごみ臭が抑えられます 94
油汚れは力ではなく「温度」で落とします 95
ひどい汚れは無理にこすらず、つけ込んで落としましょう 96
浴室・トイレ掃除は重労働…ブラシ不要の洗剤スプレーの力を借りましょう 98
入浴時に重曹を入れると、浴槽の汚れが落ちやすくなります 98

トイレは汚れやすい4か所を掃除すればOKです 99
浴室の小物は、すべて吊るしてヌメリを予防しましょう 100
浴室のカビ予防。掃除したあとは、フィルターをつけてしまいます 102
浴室の天井はフロアワイパーで拭き掃除 103
カビ取り剤は、正しい使い方で効果的に 104
ふだん行き届かない場所は、1日1か所ずつ小さくやりましょう 105
＊1日1か所〈プチ掃除リスト〉 106

疲れない洗濯

洗濯機まわりで「洗う」「干す」「しまう」の3つを完結させます 108
「乾燥機にかける」「かけない」「おしゃれ着」…洗濯カゴを分けて、洗濯物の仕分けを自動化 111
普通洗いとおしゃれ着洗いの分け方をあえて曖昧にしてしまいます 112

1回着ただけの衣類をしまう場所をつくれば、洗濯物がとたんに減ります 112
乾きにくいバスタオルはやめて、フェイスタオル2枚にします 114
マットはやめるか、洗濯不要のものに変えましょう 114
引っ張ればはずれるピンチハンガー、タオルスタンド、平干しネットを使いましょう 115
乾きにくいトップスは、ピンチハンガーで「逆バンザイ干し」に 116
またすぐ使うものは「たたまない」という選択肢もあります 118
「アイロンはかけない」でも意外に大丈夫なんです 120
下着やパジャマの収納は脱衣所に 120
洗面所の多すぎるタオルを整理すれば、洗濯用品や着替えなどが、スッキリ収納できます 122
家族の洗濯物は、「各自でたたむ・しまう」をルールに 123
洗濯機のボタンに操作順の番号をふって、家族で家事分担 124
つけおき洗いは、洗面器の代わりに洗濯機を使います 124
洗濯の水量は自動設定のひとつ上に 125
「たたむ」を減らすハンガー収納が快適です 126

クローゼットは人別でなく、シーズン別にします 128
ハンガーのデザインをそろえると、カサが減ってゆとりができます 128
不要な衣類を手放せば、洗濯の負担が減ります 130
カバーやシーツは洗って乾いたものを、そのまま装着します 131
カバーは裏返して洗い、裏返しの状態から装着するとラクです 132
外干しと同じ効果。重いふとんは室内干しで十分です 134

疲れない料理

キッチンをコックピットにしてしまいましょう 136
炊飯器を軸にしたごはんの「Iライン」をつくります 140
食材を置く、切る、盛りつけるの3スペースを確保する 142
よく使う2割の食器をとことん使いやすくしましょう 144

食器の引き出しは手前からよく使うものを収納します 145
鍋やフライパンなど、調理道具を選抜しましょう 147
鍋は立てて収納すると、かがまずに出し入れできます 148
大きいまな板1枚より、小さいまな板2枚がおすすめです 150
炊飯器は3合炊きにダウンサイジングしませんか 151
茶碗・お椀・箸は、どれが誰のと決めない「食堂形式」を導入 151
あらかじめ、カトラリーセットをつくっておきます 152
来客用の食器は、処分するか日常使いにしてしまいましょう 152
ラップは使わないで、あるもので工夫します 153
冷蔵庫にはマジックペンを常備。賞味期限とストック管理のストレスを手放せます 154
冷蔵庫に、朝食セット、粉物セットなどがあると便利です 156
冷蔵庫の棚は、下から早く使うもの順に収納します 158
料理するたびに栄養バランスを考えるのは、もうやめましょう 160
よくつくるメインのおかずの副菜を固定してしまえば、献立に迷いません 161

「これを食べればバランスが取れる！」1品で華やかな料理をレパートリーに 162
野菜の皮をむかずに食べれば、手間は減って栄養価はアップします 162
減塩に栄養アップも。お惣菜のかさ増しは、いいことだらけ 163
疲れた日の料理は「放置」「洗い物なし」のメニューで 164
ガラスの保存容器で、調理も盛りつけも。さらに、そのまま保存もできます 165
常備しておくと便利な「お助けレンチンおかず」 166
常備しておくと便利な「お守り食材」 167
食卓に調味料を出して、味つけは各自に任せましょう 168
材料は同じでも、調味料を変えるだけで献立にバリエーションが 168
自家製の鍋キットで手軽に栄養バランスよく 169
疲れた日はお惣菜。みそ汁とごはんだけ手づくりすればＯＫです 170
残り物もカフェ風に盛りつけると楽しい食卓になります 170
3つのしきりのあるワンプレートは栄養バランスが確認しやすいです 171
「泡水ボウル」を取り入れると食器洗いが格段にラクになります 172

油を使っていない調理器具は洗剤を使う必要はありません　174
水がたまらない食器を使うだけで、食器洗いのストレスは激減します　174
キッチンツールは1軍を出しておきましょう　176
プラごみは半分に切って出しています　177
パスタはたくさんのお湯でゆでる…をやめてみましょう　178
ふきんをやめて、洗えるキッチンペーパーにすると気がラクになります　178
キッチンとダイニングテーブルの距離を近づけて配膳をラクに　179

疲れない「名もなき家事」の工夫

シャンプーやコンディショナーは詰め替え用のままでもいいんです　182
浴室の排水口にたまる髪の毛…さっと掃除しやすい工夫があります　184
ごみ箱にはごみ袋をかけない、まとめて数枚かけておく、という二刀流で　186

かさばるダンボールは、ダンボールポケットでまとめてしまいます 187
ティッシなどのストック管理は、補充のシールで解決します 188
家族のモノの管理のワンオペは終わり。自分が使うモノは自分で管理してもらいます 188
家事シェアのポイントは「道具の置き場所」です 190
細長いと洗いにくくて面倒に…麦茶ポットは寸胴タイプにしましょう 192
家事の24時間営業はやめて、夜寝る前は紙コップで使い捨てに 192

便利なサービスや家電も味方につける

「家事代行」を気軽にお願いしてみましょう 194
「調理家電」「キッチン家電」は便利でヘルシーです 195
進化した「お掃除ロボット」が、お手頃になりました 196
家事に便利な「生成ＡＩ」をがんばって取り入れてみましょう 196

「食洗機」はラクなだけでなく、衛生的です 198
「ふとん乾燥機」はハイブリット型が人気です 198
「洗濯機」は乾燥機能が優れているドラム式がおすすめです 199
玄関は「人感センサーつきライト」に変えましょう 200
重いもの、かさばるものは「配達サービス」を利用します 200
水は買わずに「浄水器」にするという手もあります 201
「ネット定期便」は、家事の習慣化にも役立ちます 201
さまざまな「サブスク」「レンタル」サービスが登場しています 202

◎「疲れない家事」に役立つグッズ 204

＊本文中の「★」がついているアイテムは、204ページ「『疲れない家事』に役立つグッズ」のウェブページでチェックできます。

本文デザイン……青木佐和子
本文イラスト……瀬川尚志
編集協力………安楽由紀子

60歳からは「疲れない家事」がいい

60歳は、〝家事の棚卸し〟の季節です

みなさんは「家事」と聞くと、どんな作業を思い浮かべますか。

料理、洗濯、掃除……大まかに分類するとそうですね。家事をもっと細かく分析してリスト化してみると、なんと180項目ほどになりました。

その中には毎日行うものもあれば、週1回、季節ごとに1回、年1回のものも。「家事」は実にさまざまです。


こうした家事を管理し、長年毎日続けることは、本当に大変なことだと思います。

主婦／主夫の方は、家事がたまってくると憂鬱な気持ちになり、疲れていても重い腰を上げてこなしていく。

若いうちは力技でこなせますが、年を重ねるとだんだんその重い腰が上げ

ようにも上がらなくなっていく……。180項目もあれば、そうなるのも当然です。

ひとつの項目の家事をさらに詳しく見ると、やり方はひとつとは限りません。たとえば床の掃除。掃除機を使うのか、フロアワイパーなのか、雑巾か。いくつもの方法が考えられます。多くの方は、自分が若いうちに覚えた方法を変えずに続けているようです。

果たしてそれでいいのでしょうか。

60歳は人生における季節変わり目。着るものだって重いコートをやめて、軽い素材のものに変える方が多いでしょう。

家事だって同じです。

家事の棚卸しをしてみて、重いコートを脱ぐように、家事も身軽な形に刷新してもいいのではないでしょうか。

「疲れない」「がんばらない」がキーワード

私がご提案したいのは、未来の自分にちょうどいい、無理しなくていい家事です。すなわち天気が悪くても、体調が悪くても、疲れていても、力を入れなくても、「これならできる」という家事。

家事がこなせないと自分の努力不足のように思ってしまう人もいるようです。「以前はできたのに、今はできない」「あの人はできているのに、私はできない」、そんなふうに、昔の自分や他人と比べる人も少なくありません。

できないことは責めるべき問題ではありません。単に簡単なやり方を知らなかったり、選んだやり方が自分にフィットしていなかったりしているだけです。

年を重ねると変化することに臆病になりがちですが、人は誰でも変化しますし、世の中も変化しています。

家事だって決まった形にこだわってそれに自分を合わせる必要はなく、年代や体力、置かれた環境に応じて違っていいし、変わっていいのです。

「いや、まだまだ体力はあるし、なんでもできる」と考えている方も、今、元気いっぱいでも、親の介護が必要になって思うようにできなくなる可能性もあります。

どんな状況でも、柔軟に対応できる「疲れない」「がんばらない」家事をめざしてみませんか。

手抜きではなく「手間」を省いていく

育児がメインの世代だと、子どもの教育の手前ということもあり、マニュアル通りの「いい家事」を目指し、多少無理をすることもあったかもしれません。お子さんも巣立った世代であれば、「家族のために」「こうするべき」といったしがらみを手放してもいいはず。

しかし、長年続けてきた習慣からか、いまだ「こうするべき」と自分に圧力をかけたり、家事をラクにすることに罪悪感を感じる方も多くいるようです。

「手を抜く」のではなく「手間を省く」と考えれば、罪悪感を感じることもないのではないでしょうか。

「手間を省く」とは、ものごとをいい加減にすることではありません。

家事のなかに潜んでいる無駄なプロセスを省いて、最短距離を行きながら同じゴールにたどり着くこと。

誰かが確認したり管理したりしなければならないことを、誰が見てもパッとわかるようにするということ。

すなわち、早く、簡単に、誰でもできるように、合理的、効率的なしくみをつくることなんです。

そう考えると、手間を省くことは罪悪感を感じることではなく、むしろ楽しいことだと思いませんか。

60歳仕様に「できるだけ動かない」で済む環境を整える

家事の手間を省くのに最も効果的なことは、動線を短くすることと、すぐ手が届くところにものを配置することです。

年を重ねると運動能力が落ち、動線が長いと疲労がたまりますし、手が届く範囲も狭くなっていきます。

元気にあちこち動き回っているほうがいいイメージがあるかもしれませんが、実は家事においてそれは効率が悪いといえます。

プロの料理人は熟練者ほど環境にこだわり、できるだけ立った場所から動かずに料理ができるようにしています。寿司職人も、目の前にネタ、すぐ横に寿司桶を置きます。美容師は腰にハサミやクシ。清掃員は腰に掃除道具、大きく重い道具はワゴンに載せて効率よく労力を省いています。

環境を整えたほうがスピードが上がりますし、疲れずに作業を続けられます。

家事も60歳までこなしてくれば相当な熟練者です。せっかく長年の経験や知識、技術があるのに、体力が落ちてきたせいでそれを生かせないのはもったいない。

だからこそ環境整備をしておくことが大切なんです。

「やるぞ」と気合を入れてがんばってやる家事はつらいですよね。

あちこち移動せずにその場に立てば手を動かせる環境であれば、毎回、気合を入れなくたってやりやすくなるはずです。

「モノより自分を主役にする」が、疲れない家事のコツ

家事をしやすい環境を整える要素のひとつとして、モノの整理も含まれます。

モノは増えれば増えるほど、家事をめんどうくさく複雑にします。本当に必要なものだけを厳選し、あとは極力手放してしまったほうがラクになります。

モノを整理するときには、「まだ使えるかも」と捨てられない方、「もう使ってないから」と捨てられる方の2タイプいるようです。

「まだ使えるかも」と捨てられない方は、「そのモノがまだ使える」と、主語がモノになっています。

「もう使ってないから」と捨てられる方は「自分が使ってないから捨てられる」。主語は自分です。

なかなか捨てられない方は、人生の主役がモノになっていないか考えてみるといいでしょう。

どうしても捨てられないという場合は、寄付する方法もあります。

古着を送ると発展途上国のワクチンを寄付してくれる団体や、食料品であれば福祉施設、路上生活者などに寄付する団体もあります。

私は亡くなった祖母にもらったかいまきを長年手放せずいましたが、寄付することで収納スペースとともに気持ちの整理ができました。

それでも捨てられなければ、自分に何かあれば「捨てても構わないもの」「誰かに渡してほしいもの」といった分類だけでもしておくといいですね。

暮らしをよりラクにする、ライフステージに合わせた「片づけ」を

私たちの生活は、時間とともに変わります。

子どもが成長して独立したり、家族の形が変わったりすると、それまで必要だったものが、今の生活には合わなくなることもあります。

このとき、ライフステージに合わせて整理を進めることは、暮らしをより快適にするための大切なプロセスです。

モノを減らすことが目的ではなく、生活の質を向上させるために整理を進めることが、本当の目的です。

以前は家族全員で使っていた大きな食器や大人数用の鍋、家具など、今の暮らしに合っていますか？

これらを見直してみることで、空間にゆとりが生まれ、動きやすくなり、家事の手間も減らせます。

年齢を重ねると、片づけが身体的・精神的に負担に感じることもありますが、それは自然なことです。

急いで完璧に整理を行う必要はありません。

大切なのは、日々の生活に合わせて、無理なく少しずつ進めることです。

無理をせず、一度に全部を片づけるのではなく、一部ずつ整理を進めていきましょう。

その繰り返しが、毎日の暮らしをもっとラクに、心地よくしてくれます。

家事をしてこなかった人は、家事に参加するチャンスです

60歳は、これまで家事をしてこなかった人が家事に参加する、いいタイミングでもあります。

私の父は亭主関白で家事を一切してきませんでした。あるとき、母が祖母の介護のためしばらく家を空けたことがありました。それから父は外食ばかり。外食に飽きると食事を抜くようになりました。掃除、洗濯もやりかたがわからず、身だしなみが乱れてきたり、家の中も汚れてきたり。

人は基本的な生活が回らなくなると、小さな異変に気づきにくくなります。実は、父はそのとき重い病気にかかっていたんです。体調が悪いせいで食事を抜いていたのか、料理をしたくないだけなのか、他人からは判断がつかず病

は進行してしまいました。

家事はすべて自分の力でする必要はありません。

「家電に頼る」「家事代行に頼む」ということも家事のひとつとしていい。

それでもいいから健康的な生活を維持していないと、異変が起きていることに自分も他人も気づけなくなってしまいます。

シニア向けのセミナーでは、妻が認知症になってしまったり、先に旅立ってしまったりして、どうしていいかわからず家が散らかり放題になってしまったという夫の話をたびたび耳にします。自分のために、今これからでも家事をはじめてほしいと思います。

環境整備も「疲れない」やり方で

私のこれまでの経験から言うと、料理が得意な人は掃除が苦手だったり、掃除が得意な人は料理が苦手だったり、オールマイティではなく、どこかに偏っている人が多いように感じます。

環境整備をするなら、まず好きな家事、得意な家事のまわりからはじめてみるといいでしょう。

一般的には、苦手な家事から見直したほうが良さそうだと思うかもしれませんが、苦手な家事は好きな家事よりも心の負担が大きいもの。見直すにも苦痛に感じやすいんです。「家事なんてめんどうくさい」と思っているところに、さらに苦手なことの見直しとなると、よりいっそう家事がしたくなくなってしまいます。

料理が好きな人はまずはキッチンまわりを徹底して見直し、さらに得意な分野にしましょう。掃除が好きな人は掃除道具や家具の配置の見直し、洗濯が好きな人はランドリーまわりの環境を見直します。

得意分野を効率化すれば、さほど負担を感じずにどんどん効率化し時間を短縮できるはず。そして余った時間で、苦手な分野をマイペースで見直していけばいいのです。

自分が使いやすい環境整備ができれば、それは家族にとっても使いやすい環境であることに間違いありません。環境整備は家事の手放しにもひと役買うことになるのです。

疲れない片づけ

手放したいのに手放せない――そんなときは、「7つの問いかけ」が役立ちます

手放したいのに思い切れないものがあるときは、手放せない理由が明確になる次の「7つの問いかけ」をしてみるのもおすすめです。

①なぜそれを使わないのか？
②なぜそれを手放せないのか？
③なぜそれを手に入れたのか？
④それがないと何が困るのか？
⑤それに代わるものはないか？
⑥今売られていたらそれを買うか？
⑦最後に使ったのはいつか？

ある女性は、若い頃に買ったハイブランドのバッグを長年手放せずにいまし

た。昔はよく使っていたものの、重さやデザインが気になり、最近は持ち歩くこともなくなっていたので、「もう手放してもいいかも」と思いつつ、決心がつかないままでした。

でもクローゼットはいっぱいなので、思い切って「7つの問いかけ」を試してみました。すると、若い頃、このバッグを持つことで自信を持ち、まるで鎧《よろい》のように自分を守ってくれていたことに気づいたそうです。

しかし今は、その鎧を脱いで、もっと自由で軽やかな生き方をしたいと思っている自分に気づき、納得して手放すことができました。

このように、「なぜそれを手放せないのか？」と自分に問いかけることで、モノの価値や自分の本当の気持ちに向き合うことができ、迷っていたモノも納得して手放すことができるようになります。

もし手放さなくても、そのモノを持ち続けることに納得できる理由があれば、それも大切な選択です。

収納グッズを買う前に、まずはモノを減らしましょう

収納グッズのオススメはなんですか?とよく聞かれます。確かに便利なものはいろいろあります。でも、家をスッキリさせたいなら、収納用品を考える前に、まずモノ自体を減らしましょう。

ある家庭では、SNSで同じ収納ケースを整然と並べている写真を見て憧れ、同じデザインの収納ケースをきれいに並べていました。しかし、整理をきちんとせず、とりあえず適当にモノを入れていたため、見た目が同じなのも相まって、どこに何が入っているのかまったくわからなくなってしまったのです。

そこで、ケースを全部出して、入っていたモノを処分したり、適切な場所に移動したところ、入れるものがなくなり、結局その収納ケースはほとんどが不要になってしまいました。

モノが少なければ、そもそも収納グッズは必要ないのです。

迷うものは、無理に捨てなくても大丈夫です。ただ、奥のほうにしまいこむのはやめましょう

衣類を整理していると、何年も着ていないのに手放せない服が出てきたりします。でも、捨てられないと迷うものは、無理に捨てなくても大丈夫です。大きな袋などに入れて、クローゼットの入り口など、ふだんの生活にちょっと邪魔になるところに置いておきましょう。

迷ってしまうのは、そのモノと向き合いきれていないから、ということが多いです。なので、毎日目に触れたり、邪魔だなと感じたり、そのモノとかかわる機会を持つことで、どこかで「もういいか」と思えるときがやってきます。

奥のほうにしまいこむのはやめて、あえて接触する機会を重ねることで気持ちに折り合いがつけやすくなります。実際私自身も、この方法でよく迷う衣類を手放しています。よかったら試してみてください。

モノの多さに圧倒されそうなときは、アイテム別に整理します

整理をしようとしていきなり収納の中のモノを全部出してしまうと、その量の多さに圧倒されて、「どうしたらいいの？」と迷ってしまうことはありませんか？

そんなときに試してほしいのが、「アイテム別に分けて整理する」方法です。この方法なら、「モノが多すぎて進まない……」という事態を防ぎ、スムーズに整理が進められます。

まず、すべてを一気に出すのではなく、「今日は何を整理するか」を決めましょう。たとえば、衣類なら「今日はトップス」「今日はボトムス」「今日はアウター」など。

次に、そのアイテムを家中から集め、ダイニングテーブルや床などに並べま

す。すると思った以上にたくさん持っていることや、似たようなものが多いことに気づき、不要なものも見えてきます。あとは、並べたアイテムをひとつずつ手に取り、「1年以内に使ったかどうか」で「要・不要」を判断すればOKです。

キッチン用品なども同様です。調理器具、食器、カトラリーなど、整理するアイテムを決めて集めて並べてみましょう。すると、「こんなに必要はないかも」と気づいたり、ペアなのに片方欠けているものが目に入ったりして、手放すべきものが見つけやすくなります。

以前、あるお宅のキッチン用品を整理するお手伝いをしたとき、奥様と一緒に鍋やフライパンを集めて並べてみたことがありました。すると、フライパンが4つもあり、重くて使わないのに捨てられずにいたものがあると気づいて手放す決心がつきました。

整理が負担なときは、ぜひ「アイテム別に分けて整理する」方法を試してみてください。無理なく整理を進めることができますよ。

「迷うモノ」と「使うモノ」を分けるだけで、収納の使い勝手は大きく変わります

「片づけたはずなのに、なんだかスッキリしない……」、そんな経験はありませんか？　それは、「迷うモノ」と「使うモノ」が混ざっているせいかもしれません。

私も以前は、使っていないけれど捨てられないモノを、「とりあえず」と、ふだん使うモノと一緒に収納していました。すると、いざ必要なモノを取り出すときに見つかりにくかったり、出し入れしづらくなったりして、片づけたはずなのに不便さが残ったままでした。

片づけのコツは、「迷うモノ」と「使うモノ」を混ぜないこと。迷うモノは、別の場所にまとめ、ふだん使うモノと分けて収納しましょう。たったこれだけで、収納の使い勝手が驚くほど変わります。

取り出しづらく、危ない。高い場所の収納は「空っぽ」を目指しましょう

目線より上の収納には、軽くてあまり使わないものを入れるのが一般的です。しかし、60歳からはこの考え方を変え、目線より上の収納は「空っぽ」を目指しましょう。

高い場所は視界に入りづらく、中身がわかりにくいもの。気づけば死蔵品になりやすく、取り出す際に踏み台を使うのも危険です。

もちろん、収納スペースが少ないと完全になくすのは難しいですが、できる範囲で吊戸棚や天袋のモノを降ろし、整理して行きましょう。

空っぽにできなくても、入れるものが減るだけでリスクが減り、快適さはアップしていきます。

もう、たくさんの保存容器は必要ありません。8個あれば十分です

キッチンの吊戸棚にタッパーなどの保存容器がぎっしり……そんな光景をよく見かけます。でも、本当にすべて必要でしょうか?

保存容器はつくりおきをしていた頃はたくさん使ったかもしれませんが、60歳からは数個あれば十分です。

私自身、毎日料理をしますが、ごはんの冷凍用を除けば、フタつきのガラス保存容器を、大・中サイズ各2個、小サイズ4個の計8個で問題なく暮らしています。

この組み合わせはよくある保存容器セットと同じサイズと個数ですが、実際にかなりの用途に対応できます。

もし足りないときは、保存袋で代用すれば大丈夫です。

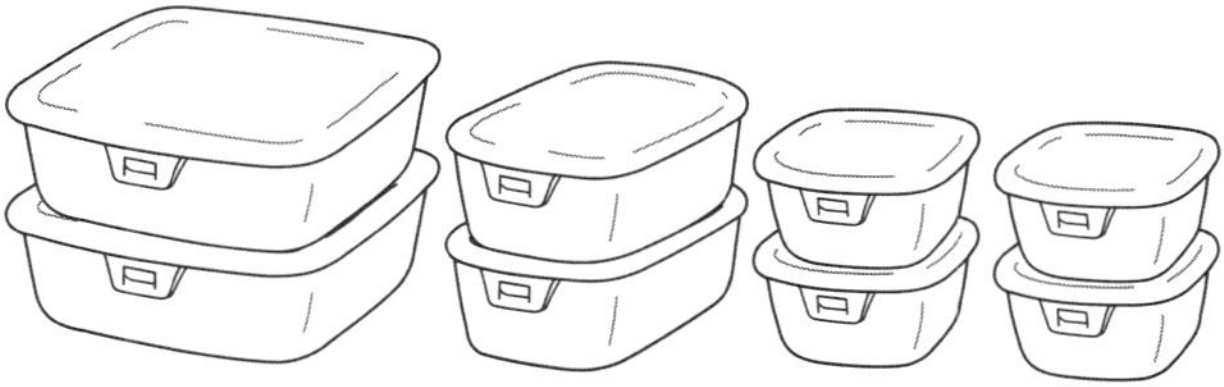

保存容器は、大サイズ2個、中サイズ2個、小サイズ4個の計8個で十分対応できます。

ジャムなどのかわいい空き瓶は、「1個だけ」残します。
かわいい瓶が新たに出てきたら、トーナメント制にして、どちらかを処分しましょう。

クローゼットのスペースから服の適正量を考えてみましょう

服は何枚持つのが適正量なのでしょうか？　その答えのひとつとして、「クローゼットのポールの長さ」を基準にする方法があります。

クローゼットに掛けられる衣類の最大数は、ポールの長さをハンガーの幅で割ることで簡単にわかります。たとえば、ポールの長さが90㎝でハンガーの幅が3㎝だとすると、30本のハンガーが掛けられます。

ハンガーを30本だけ用意し、掛けられる量だけに服の量をセーブすることで、クローゼットの中がすっきりと片づきます。

また、クローゼットがいっぱいな方は部屋着が多い傾向があります。古くなった衣類をすべて部屋着に回してしまうと、部屋着がクローゼットを圧迫。「部屋着は2着まで」と決めることが、クローゼットに余白を生み出します。

ハンガーの数を、クローゼットに無理なく掛けられる数だけ用意して、
その数に合わせて服を収納。あふれた服は手放します。

増えてしまいがちな部屋着は、「2着まで」と決めてしまいましょう。

私服の制服化で、着ない服が手放しやすく、毎日のコーディネートもラクになります

服に関して、ときどき「手持ちの服が少ないと、コーディネートが決まらなくなりそうで困るから、なかなか手放せない」という方がいらっしゃいます。確かに、コーディネートで迷うことは誰しもありますから、服の数がたくさんあればあるほど安心できるように感じるかもしれません。

しかし、実際には服が多いことで、かえって組み合わせに悩むことも多いのです。服のコーディネートが苦手な人にとっては、たくさんの服があっても上手に着回すことは難しく、結果として活用できずに終わることが多いのではないでしょうか。

そして結局、いつも同じような服ばかり着て、着ていない服がクローゼットにあふれている……なんてことに。

服を整理して、着ていない服は迷わず手放しましょう。それができるようになるには、「その服がなくても大丈夫と思える安心感」を手に入れることがポイントです。

その「安心感」を得るために有効な方法が「私服の制服化」です。

「これを着ていれば自信を持って過ごせる」という、お気に入りのコーディネートを3パターン、つくってみましょう。すると、そのパターンに入らなかった服は手放しやすくなります。

服の数が少なくなればクローゼットはスッキリしますし、自分自身もこの3パターンの服さえ持っていれば、服のことで悩まずに一日を快適に過ごせると思います。

「3パターンしかないと、いつも同じ服を着ていると思われそう」「おしゃれの楽しみがなくなりそう」と思う方は、アクセサリーで変化をつければ、同じ服でも違った印象を楽しむことができます。

紙モノ整理の基本は、「保管期限」を決めること

クレジットカードや公共料金の明細、なんとなくためていませんか？「引き落としが確認できたら処分」など、あらかじめ保管期限を決めておくと、不要な紙が増えません。

年金定期便を大切に取っている方もいますが、あれは単なるお知らせ。読んだら処分して問題ありません。とはいえ、「捨てるのが不安……」という方もいるかもしれません。その場合は、クレジットカードや公共料金の明細を2年分など長めに保管するのもひとつの方法です。ただし、1年でも2年でも「いつまで取っておくか」は決めておきましょう。

ネットが苦手でなければ、明細類はWEB明細に切り替えると、紙が届かずスッキリします。登録手続きはクレジットカード会社などのホームページからでき、スマホやパソコンからいつでも過去の明細が確認できます。

年賀状は「年賀状じまいをした」という方も増えていますが、続けるなら「2年分だけ保管」などルールを決めておくと管理しやすくなります。

家電の取扱説明書も、新しい家電を買うたびに増えますが、今はアプリ「トリセツ」やメーカーの公式サイトで管理できます。紙の冊子はほぼ不要なので、処分を検討してみてください。

「キャンペーンの案内」「ツアーの行程表」など、書類そのものではなく情報だけ必要な場合は、スマホのカメラで撮影して、データで保存しておくと便利です。

それには、LINEを使うのもおすすめ。自分ひとりのLINEグループ、もしくは家族も入れたLINEグループをつくり、プリントをスマホのカメラで撮ってLINEのアルバムに追加すれば、もう原本はなくても大丈夫です。

思い出の写真は小さなアルバムにまとめ、それ以外は手放します

ある知人のお母さまは、少しずつアルバムの整理をはじめ、自分にとって大切な写真だけを小さなアルバムにまとめ、それ以外の写真は手放すことに決めました。家族は「これ以外にも素敵な写真がたくさんあるのに、どうして手放すの？」と驚いたそうです。でも、お母さまはこう言いました。

「私にとって思い入れのある写真だけを選んだの。ほかはもういらないの」

写真は、見る人によって意味が異なります。60歳をすぎると、自分にとって本当に大切な写真を選ぶことが、思い出整理のポイントになります。

特に、災害時や高齢者施設に入るとき、という視点で考えると、持ち出せる写真は限られています。まだ先のことかもしれませんが、そのときになると、1枚1枚写真を選ぶ気力も体力もなくなっているかもしれません。もしものと

きに持っていきたい写真を今から選んでおくことが、心の準備にもなります。

どのような写真を選べばいいか迷う場合は、災害の避難先や高齢者施設に持っていくときに「日々眺めて心が安らぐ写真」を考えてみましょう。たとえば、家族との大切なイベントや、長年過ごしてきたペットとの写真、思い出深い場所で撮った写真などが、心に響く1枚になるはずです。

また、ある知人のお母さまは、実家に置きっぱなしになっていた子どもの学生時代のアルバムを、本人の元に宅急便で送りました。子どもの写真については、本人にどうするかを判断してもらうことにしたそうです。

親が必要だと思って取っておいた写真も、子ども本人に訊いてみると、「捨てていいよ」とあっさり言われることもあるので、本人の判断に任せることもひとつの方法だと思います。

思い出を整理することで、少ない荷物でも心が満たされ、気持ちよく過ごせる空間が広がります。写真整理を通じて、これからの生活の準備を少しずつ進めていきましょう。

ラベルが見えづらい、ケースが重い、フタが硬い…「疲れる」収納を見直しましょう

年齢とともに小さい文字が見えづらくなるため、収納ケースにラベルを貼っても、あまり見えなくなってしまいます。ラベルの文字を大きくするのもひとつの方法ですが、それに加えて、ラベルだけに頼らない収納方法にしていきましょう。

キッチンやリビングは家族で共有するものが多いので、誰が見ても「ひと目でわかる収納」にするのがおすすめです。

たとえば、扉のある収納棚の中を整理するための収納ケースは、透明や半透明、メッシュタイプなど、パッと見で中に入れたモノが見えるケースを使います。収納棚の扉を開くだけで、どのケースに何が入っているのかがだいたいわかるので、ラベルを確認したり、あちこち収納ケースの中を確認して探さずに

済みます。

中に入れたモノが見えるので、どうしてもごちゃついて見えるのは難点ですが、収納棚の扉を閉めてしまえば隠せるのでスッキリさせられます。

入れたモノがまったく見えないタイプの収納ケースを使う場合には、中に入れるモノよりも高さが低いものを選ぶといいでしょう。中身の一部が見えるだけでも、置き場所がわかりやすくなります。

また、救急箱や工具ボックスのようなフタつきの専用収納ケースは、持ち手がついていて持ち運びするには便利ですが、大きくて重かったり、収納棚から取り出さないとフタを開けられなかったり、フタの開閉に留め金を外すなど手間や力が必要になるなどのデメリットがあります。

持ち運びする機会があまりなく家の中だけで使うなら、思い切って中身をボックスから出して、引き出しに入れ替えるといいでしょう。

持ち手がついた、フタのないプラスチック製の軽いケースも市販されていますこういったケースに移し替えるほうが、これから先も疲れずに使えます。

扉のある収納では、半透明、メッシュタイプ、入れるモノより高さが低い収納ケースなどを使います。扉を開くだけで、どこに何が入っているのかがわかります。

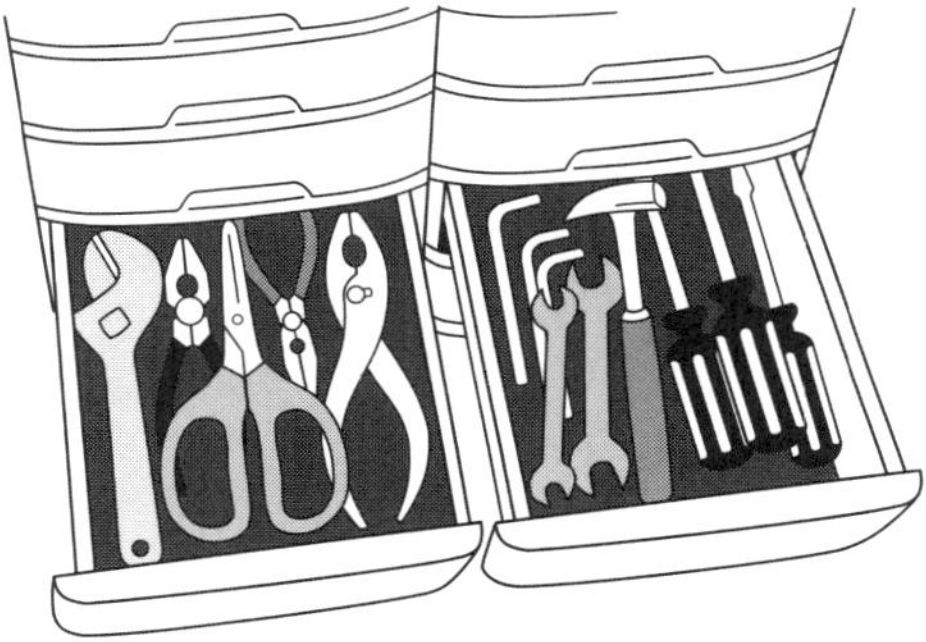

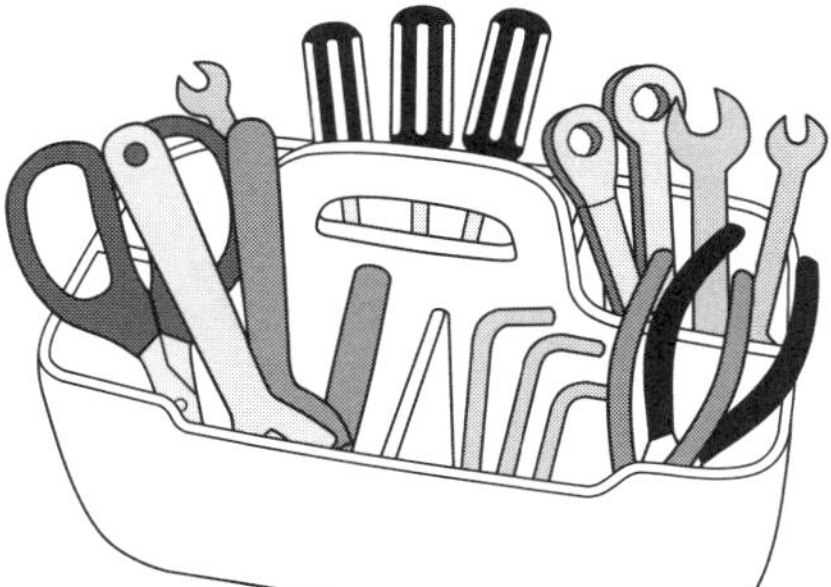

救急用品や工具などは、引き出しに入れ替えたり、簡単に出し入れできる軽いケースに収納します。

奥行きのある収納には奥に何があるか「見取り図」をつくります

奥行きのある食器棚や押し入れって、奥のほうが見えづらくて使いにくいですよね。そんなときは、見取り図をさらっと描いて貼っておくとすごく便利です。見取り図を描いたら、食器棚の扉の裏や押し入れならふすまを開けた瞬間に見える壁面などにマスキングテープで貼っておきましょう。見えるところは不要なので、忘れてしまいそうな見えない部分だけを描き出します。

探し物に時間をかけなくて済むので、季節布団の入替や行事やレジャー用品などの取り出しも楽になります。また、家族が代わりに出すときも見取り図を見ればどこに何があるのかがすぐにわかります。

ちなみに図を描くのが苦手な方は、文字でも大丈夫なので、「食器棚の奥に保存用容器を収納」などのメモを貼っておきましょう。

どこにいったか迷子になりがちな書類は、クリアホルダーを活用して

封書やはがき、チラシなど、サイズがバラバラな書類は、収納ボックスに入れてもまとまりにくいものです。そんなときは、クリアホルダーを活用し、1案件ごとにまとめるのがおすすめです。

たとえば、結婚式の案内状や地図などは1枚のクリアホルダーにまとめ、当日はそのまま持っていけば安心。セミナーの書類や健康診断の受診票なども同じようにまとめておけば、すぐに取り出せます。

管理方法は、未処理用と処理済み用の2つのファイルボックスを使うとシンプルです。まず、書類を入れたクリアホルダーを未処理ボックスに入れ、用件が済んだら処理済みボックスへ移動。処理済みボックスは月末に見直し、不要な書類は処分。必要なものはファイリングして保存します。

「つい置いてしまう場所」を「収納場所」に。これで出しっぱなしがなくなります

つい出しっぱなしにしてしまうモノは、なぜ戻せないのかをあらためて考えてみましょう。ソファでスキンケアをする人は、手入れが終わったあと、化粧水や乳液をリビングに置きっぱなしにしてしまいがち。洗面所に戻すよりも、リビングに置いておくのが、その人にとってはラクで快適だからです。

一般的に「スキンケア用品は洗面所に置くもの」と考えられていますが、その場所とあなたにとっての片づけやすい場所が同じとは限りません。

収納場所は自分がどこで使いたいかによって臨機応変に変えてしまいましょう。スキンケア用品はカゴなどに入れ替えて、ソファの横に。わざわざ洗面所に戻しに行かなくてよくなります。固定観念から離れると、「つい置いてしまう場所」が「収納場所」に変わりますよ。

ソファでスキンケアをしているなら、化粧水やフェイスパックなどは、カゴなどに入れてソファの横に。

毎日飲んでいる薬やサプリは、ダイニングテーブルに置きがちですが、キッチンに置けば、すぐに水で飲むことができて、使ったコップがダイニングテーブルに置きっぱなしになることも防げます。

散らかった家の片づけ対策に、「予防片づけ」を取り入れましょう

「片づけが苦手」という方には、散らかってから片づけるのではなく、そもそも散らからないしくみをつくる「予防片づけ」をおすすめしています。

帰宅後の5分間は「魔の時間」。「ただいま、疲れた～」と帰ってきて、ポンとかばんを床に置いたり、カギや郵便物をテーブルの上に置いたり、脱いだ上着をソファにかけたり……ここからどんどん、散らかりがはじまってしまいます。結局あとでまとめて片づける時間をつくる必要が出てきてしまい、憂鬱な気持ちになってしまいます。

それなら「とりあえずポンと置いてしまうもの」の収納場所を玄関からくつろぐまでの動線上につくってしまいましょう。歩きながら収納してしまえば、散らかりを防げます。

まずカギ類。リビングまで持ち込むと、あとで「どこ行った？」がはじまりがちなので、玄関や靴箱の扉の裏にかけられるようにします。

かばんは、リビング内のデスク横などにフックをつけておき、そこを「置き場所」と定めます。

そのそばにハサミとごみ箱を置き、かばんを置いた流れで郵便物を開封して、不要なDMはすぐに処分。流れにのってやってしまいましょう。

上着類はリビングに入る手前にフックをつけるか、部屋着に着替える際にクローゼットにかけられるようにします。クローゼットの中にあるハンガーを出すのは面倒なので、クローゼットの扉にフックをつけておけばすぐにかけられます。

帰宅後の5分で片づけが済めば、あとは気兼ねなくゆったりとくつろぐことができます。

郵便物はかばんを置く場所のそばに、ごみ箱とハサミをセットして、帰宅後すぐ整理できるようにしておきます。

クローゼットの扉表にフックをつければ、扉を開けずにジャケットをかけられます。パジャマはクローゼットの扉裏にフックをつけてかけるだけに。

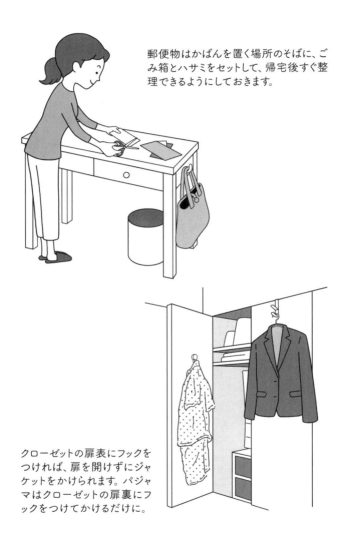

景品、カタログ、便利グッズ…本当は必要ないモノは、もう家に持ち込まないと決めましょう

意識しないと家にはどんどんモノが入ってきます。町で配られているポケットティッシュやイベントの景品、ポストに入っていたチラシや通販カタログ、100円ショップでなんとなく買ってしまった便利グッズ……。

不思議なことに私たちは家にモノを入れるときには無意識なのに、家からモノを出すときには、それがたとえおまけでもらったものでも痛みを感じます。

だからこそ、捨てることに抵抗がある人ほど、最初からモノを入れないように意識することが大切です。

ただでもらえる景品やセール品は瞬間的にはお得感を感じますが、手に入ったことで満足してしまい、大して使われないことが多いもの。家も狭くなり、長い目でみると実は損失のほうが大きいのです。

片づけのコツはモノを減らすこと。でも、ハサミとペンはむしろ増やします

玄関でハサミを使うときにリビングまで取りに行き、またリビングに片づけに行くのが面倒で、そのまま玄関に……。そんな経験はありませんか？　保管場所と使用場所が遠いと置きっぱなしが起こり、散らかりにつながります。

それを防ぐためには、モノは使用場所の近くに保管することが大切です。

特にハサミやペンといった家の各所で使うものは、それぞれの場所に散りばめて置くことをオススメします。私の家では、ハサミはリビング（郵便物の開封）、キッチン（食品パッケージの開封）、玄関（ダンボールをまとめる）、脱衣所（洗剤パッケージの開封、ほつれ・毛玉のカット）と複数の場所に置いています。ペンも同じように4か所に置いてあります。

こうすれば片づけが不得意な人も、出しっぱなしにすることはありません。

シャンプー等のストックは、あえて洗面台の鏡の裏に収納します

シャンプーやボディソープのストック。我が家では、以前は洗面台の下に収納していましたが、今は洗面台の鏡の裏の奥行きが浅い収納スペースに置いています。

洗面台の下の収納は奥行きがあって見えづらく、まだストックがあるのに夫が新しいものを買ってきてしまい、私もだんだん管理ができなくなってしまったからです。

置き場所を奥行きの浅いスペースに変えたことで、扉を開くとすべてのストックがひと目でわかり、重複買いがなくなりました。そもそも数があまり入らないので、新しい商品を買うときも「古いものが使い終わってから」など慎重になったことも良い面だと思います。

キャスター台にのせて収納すれば、重い季節家電の入替もラクラクです

除湿器や加湿器、扇風機、ファンヒーターなど、一時期だけ使う季節家電。重いのでいちいち押し入れから出したりしまったりするのは大変です。とはいえ、年中出しっぱなしも邪魔になります。キャスター台にのせておけば、ふだんの掃除がしやすいだけでなく、収納場所までの移動がラクになります。

収納もキャスター台にのせたままでＯＫ。しまうときは、コード類をぶらさげたままにするのではなく、吸盤フックを家電の背面や側面に縦に上向きと下向きに貼りつけ、巻きつけるようにしておきます。こうすると、移動するときに引っかかることがありません。

また、１００均の不織布の家電収納袋などでカバーしておくとホコリよけになり、次のシーズンも掃除不要で気持ちよく使えます。

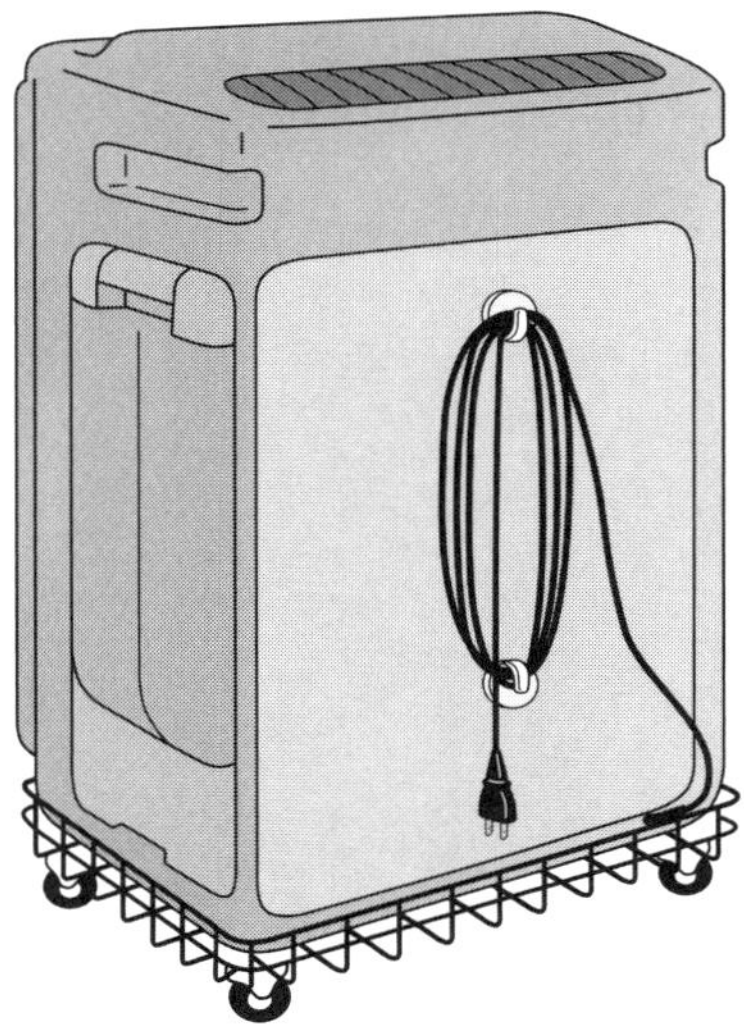

家電の背面に吸盤フックを縦に貼りつけ、
コードを巻きつけて保管します。

趣味や習い事の道具はレンタルで。これからの人生、道具に縛られずにいられます

60歳からは自分の時間をもっと楽しみたいものです。これまでできなかった趣味や習い事をはじめる方も多いのではないでしょうか？

実は私自身も現在ある楽器を習っているのですが、最初の1年間は楽器はレンタル品を使うと決めていました。レンタルをしなければ、その費用で安いものを購入できるかもしれませんが、体験会などでやる気が高まっていても、長期にわたって続けられるかどうかはある程度やってみないとわかりません。

せっかく自由に楽しめる時期がきたのに、「道具を買ってしまってもったいないから……」という気持ちで続けるのでは本末転倒です。だからこそ、レンタル費をコストと考えず、柔軟な投資と考えてはいかがでしょうか。せっかくの人生、道具に縛られずに、本当にやりたいことに時間を使いたいですね！

疲れない掃除

掃除機をやめて、フロアワイパーを主役にしましょう

重くてダストパックのメンテナンスが必要な掃除機を卒業して、これからは軽くてメンテナンス不要のフロアワイパーを掃除道具の主役にしましょう。

「フロアワイパーじゃ、ごみが取り切れないのでは？」と思っている方も多いようです。確かにゴシゴシこするとうまく取れません。フロアワイパーのドライシートは、フワフワの繊維がホコリやごみを絡め取るしくみ。むしろ繊維をつぶさないよう力をかけず滑らせると効果を発揮します。

フロアワイパーには、あらかじめシートを5枚重ねてつけておくと便利です。汚れたら1枚取りはずすだけでいいので、取り換える手間がかかりません。

5枚使い切ったときが、ウエットシートで掃除をするタイミング。この習慣が、部屋をきれいに保ちます。

家具の配置を工夫するだけで掃除がしやすくなります

ホコリがたまりがちな壁と家具、家具と家具の隙間。見て見ぬふりをしていると、あっという間にふわふわのホコリだらけになってしまいます。

とはいえ、狭い隙間に合う掃除用具をわざわざ買いそろえるのも大変ですよね。

そこで、家具の配置にひと工夫。隙間の幅を、フロアワイパーのヘッドが入るように整えるのです。そうすれば、ふだんの流れの中で隅々までスムーズに掃除できてしまいます。

ソファも壁にぴったりつけるのではなく、人が通れる隙間をあけておくとホコリがたまりにくく、掃除もしやすくなります。

床にラグを敷くときも、壁との隙間をフロアワイパーのヘッド分あけておきましょう。

伸縮するハンディモップで、掃除の「かがむ・背伸びする」がなくなります

掃除道具は「からだにやさしい道具」を選びましょう。「からだにやさしい」とは、かがまない、手を伸ばさない、ラクな姿勢で行えるということ。

雑巾ではなく、フロアワイパーや、持ち手が伸縮するタイプのハンディモップなら、無理な姿勢や力を入れることなく、さまざまなところが掃除できます。

たとえば、「手が届かない」と諦めていたカーテンレールの上、家具の側面や裏側、天井の照明なども、伸縮するハンディモップならしっかり届きます。

エアコンの上だって、持ち手を伸ばしてモップの先の角度を90度に倒せば、ピタッとフィットさせて拭き取れます。

意外とホコリがたまって目立つ幅木《はばき》や、階段の掃除にも、ハンディモップは実はおすすめです。

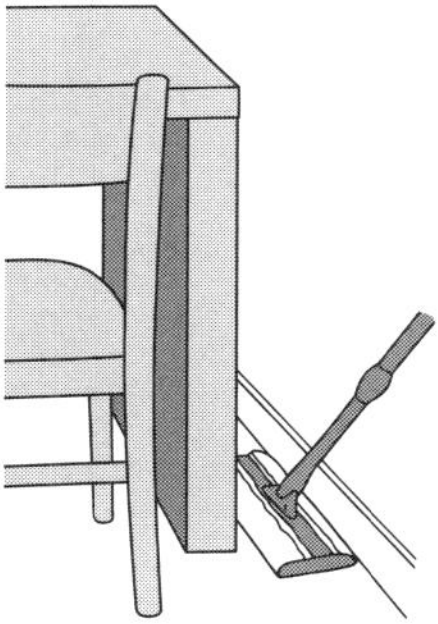

細い隙間も、フロアワイパーのヘッドさえ入ればラクラク掃除ができます。

フロアワイパーには、あらかじめシートを5枚まとめてつけておきます。

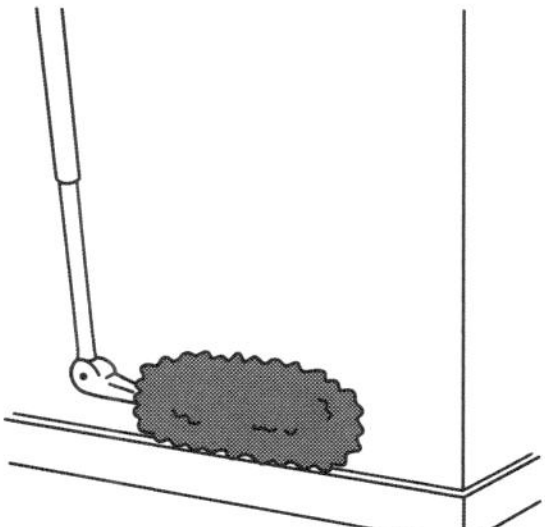

幅木や階段の掃除も、フロアワイパーよりハンディモップがラクです。

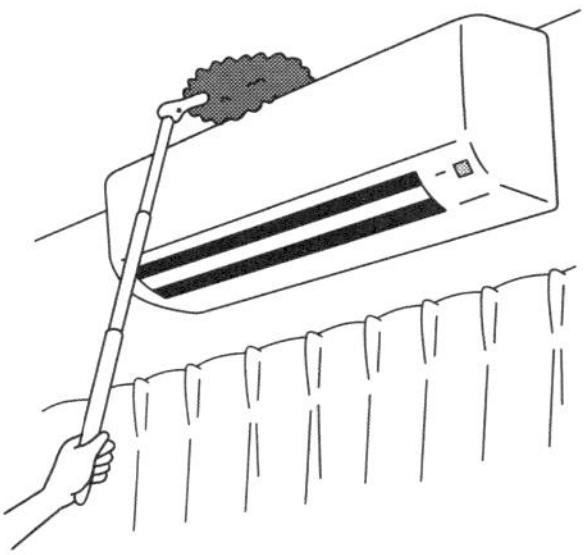

高いところの上部は、ハンディモップの先を90度に曲げて。

汚れのひどいところは使い捨てアイテムの終着駅です

汚れのひどいところは、つい「年末にまとめて掃除すればいいか……」と思ってしまいがちですが、年末は何かと忙しいですし、汚れがたまりにたまってしまうと掃除に時間がかかって大変です。

そこで、ふだんフロアワイパーで部屋の床を掃除したあと、最後にトイレの床や玄関のたたきなどを掃除してからシートを捨てましょう。

ハンディモップも同様です。取り換える前に、洗濯機の下、冷蔵庫の横、押し入れの中、窓のサッシの溝、郵便ポスト、表札などを掃除。「使い捨ての製品はもったいない」という方も、真っ黒になるまで使い切れば、捨てても惜しくないのではないでしょうか。

ここまでしっかり使い切ると、「掃除した！」という達成感も格別ですよ。

生活動線に掃除を組み込んで「ついでに掃除」を習慣化

趣味に仕事にまだまだアクティブなミドルシニア世代。改めて「掃除の時間」をつくるのは時間がもったいない！　と思う方も多いことでしょう。

そこで、わざわざ掃除の時間をつくるのではなく、ふだんの生活動線の中に掃除を組み込んで習慣化してしまうことをおすすめします。

意識せずともふだん通りに暮らしているだけで、いつの間にかきれいになっていれば時間も有効活用できますし、「掃除しなきゃ」というプレッシャーからも解放されます。

ポイントは、掃除道具が家のあちこちに置いてあるようにすること。

たとえば、ベッドの横にフロアワイパーが置いてあれば、朝起きたときにそれを持って洗面所に行きながら床掃除をすることができます。

洗面台に小さなスポンジがあれば、顔を洗うついでに洗面台を掃除して、顔を拭いたタオルで洗面台や洗濯機の上などを拭いてそのまま洗濯カゴへ。

ごみ出しに行くときには玄関を通るついでに掃いて、外出から帰ってきて手を洗うときに、手についたハンドソープで蛇口も洗ってしまいます。

お風呂で体を洗ったら、そのついでに、掃除用ブラシにボディソープをつけて壁や床を洗ってしまいましょう。

こうして日常の中でこまめに掃除をしておくと、汚れがたまらず落としやすいという利点もあります。掃除を後回しにしているうちに汚れがこびりついてしまうと、いざ落とそうというときはゴシゴシと物理的な力をかけないと取れなくなってしまいます。

気づいたときに、ちょこちょこ掃除をしておいたほうが、疲れずにラクに掃除ができて、毎日家の中を清潔に保つことができるのでおすすめです。

やる「こと」ではなく、かかる「時間」で考えます

なかなかやる気になれない面倒な掃除は「やること」ではなく「かかる時間」で考えると、気軽に取り掛かれます。

たとえば多くの人が嫌いな排水口掃除。実際に時間をはかると、実は30秒ほどで終わります。「30秒ならやっちゃおうかな」と、時間で考えると気楽に取り掛かることができますね。

ほかにも、玄関の靴をしまう、あるいはちょっと掃くだけなら20秒くらい。コンロ掃除も面倒なようですが、ただ拭くだけだったら10秒あれば拭くことができます。

「面倒だな」と思ったら「30秒だけ掃除しよう」と、少しでも自分がラクに感じられるように考え方を変えてみましょう。

重いものはキャスター台と車輪を取りつけて移動式に

観葉植物、空気清浄機、ファンヒーター、大きなサイズのごみ箱、掃除をしようとして「ヨイショ」と持ち上げた瞬間、グキッ！　こんなことになったら大変。足腰に負担がかかる重いものは、あらかじめキャスター台にのせて動かしやすくしておきましょう。

キャスター台はホームセンターや100均などで販売されています。車輪単体を購入して強力両面テープで本体に取りつけるのも一案です。

重いものはすべてキャスター台にのせておくと、掃除のたびにかがんだり持ち上げたりして、動かす必要がありません。

ダイニングテーブルのイスは、家具★をすべりやすくするシールを脚に貼れば、床を傷つけることなくスムーズに動かすことができます。

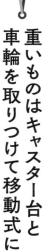

床にモノを置かない、マットやラグもやめる。掃除しやすく、つまずく心配もなくなります

重いかばんや宅配で届いた荷物などを、「とりあえず」と言って何日も床に置きっぱなしになっていませんか。また、箱買いした飲料なども床が定位置となりがちです。

床にモノがあると部屋が散らかって乱雑に見えますし、掃除をするときもいちいちどかさなければならず負担が増えます。

床にモノを置くことをやめると、掃除がしやすくなります。家にモノを持ち込んだ時点で、床に置くのではなく収納場所にきちんと置きましょう。

モノだけでなく、床に敷いているマットやラグもやめてしまえば、それを洗濯をする必要がなくなり、掃除がより簡単に。足を引っ掛けてつまずく心配もなくなります。

ごみ箱は壁掛け式にしてしまいます

床にはなるべくモノがないほうが、掃除は断然ラクになります。壁にかけられるものはフックを利用して掛けてしまいましょう。

100均やネットショップなどで、片方の側面が平らになっている壁掛け用★のごみ箱が販売されています。壁などに密着させて設置できておすすめです。

コード類は宙に浮かせて、ホコリも転倒も予防しましょう

ゴチャゴチャしがちなコード類。ホコリもたまりますし、足に引っかかると転倒の危険があります。そこで、電源タップをテレビ台や家具の裏側にネジや★強力な両面テープで貼りつけます。タップまで伸びている余分なコードをクリップでまとめれば、床にたれることはありません。

重いものはキャスター台に載せておくと、その下の掃除がラクです。

ごみ箱は、フックやマグネットを使って壁掛け式に。
ごみ箱を動かさずに掃除することができます。

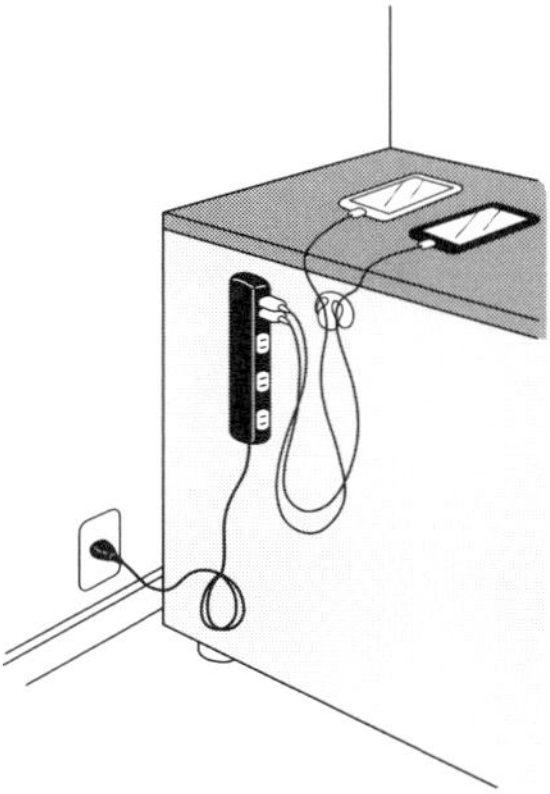

電源タップを床に置かず、家電を置いている家具に取りつけるのが、コード類を浮かせるポイントです。

やる気が起きないときは、今日は掃除シート1枚分だけ拭くと決めて

どうしても掃除をする気になれない……。そういうとき、私は「掃除シート1枚分だけ掃除する！」と決めて、とりあえずシートを手に持ちます。持ってみると、テーブルの上やドアノブなど小さなところからだんだんと拭く気持ちになれます。

疲れたときは、フローリングの隅だけ掃除すればＯＫです

いくらフロアワイパーでも、床を全部拭くのは面倒なときもあるでしょう。そんなときは、部屋の隅だけ掃除すればＯＫです。

フローリングの上のホコリは人が動くと舞い上がり、部屋の隅で止まって徐々にたまっていきます。見えるホコリがなくなるだけでもスッキリします。

野菜室には新聞紙。野菜くずや土の汚れを予防できます

冷蔵庫の野菜室は、野菜の皮や土などで汚れやすいですよね。

そこで「予防掃除」をご提案。あらかじめ新聞紙の端を立てて敷き、野菜を収納します。汚れたら新聞紙を取り替えるだけで済みます。

ドアポケットには、キッチンペーパーで液だれに備えます

こちらも予防掃除のワザです。調味料やドレッシングなどを保管する冷蔵庫のドアポケットは、いつの間にか液だれしてベタベタに。汚れやすい場所でありながら、掃除しにくい場所でもあります。

そこで、キッチンペーパーを底に敷いておきましょう。汚れてきたなと思ったら、交換するだけです。

冷蔵庫の上はラップでカバー。定期的に交換するだけで、ずっと清潔です

冷蔵庫の上の汚れは、ホコリと油煙が混ざったベタベタ汚れ。こびりついたホコリは強力な洗剤を使わないと落ちません。脚立に乗ってゴシゴシ掃除をするのは危ないですし、奥までなかなか手が届きません。あらかじめラップを敷いておき、1年ごとに交換しましょう。

冷蔵庫やキッチンの引き出しは開閉のタイミングでサッと拭きましょう

料理していると手が濡れたり、食材でベタベタになったりしてしまいます。その手で冷蔵庫やキッチンの引き出しを開け閉めすれば、当然、取っ手は汚れているはず……。開けるときにはふきんを持ち、ついでに取っ手をサッとひと拭き。なぞるだけできれいになります。

冷蔵庫の野菜室は、あらかじめ新聞紙の端を立てて敷きます。

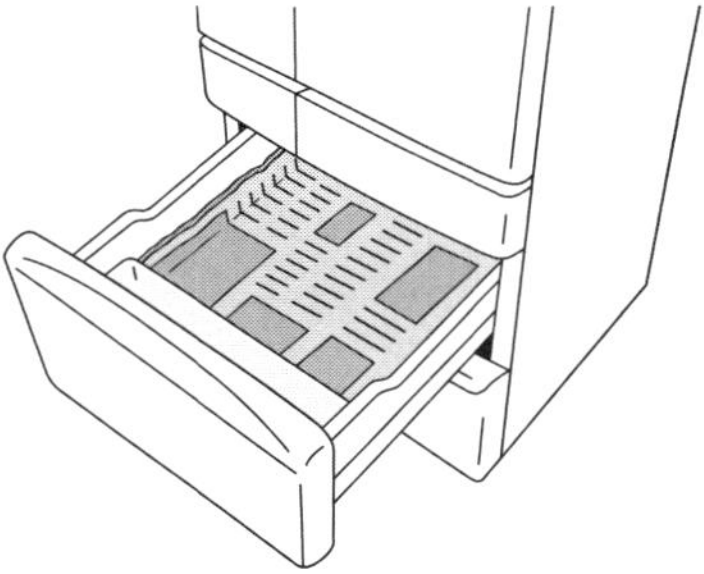

ベタベタになりがちなドアポケットの底には、キッチンペーパーを敷いておきます。

冷蔵庫の上に放熱口がある場合は、避けてラップを敷いてください。

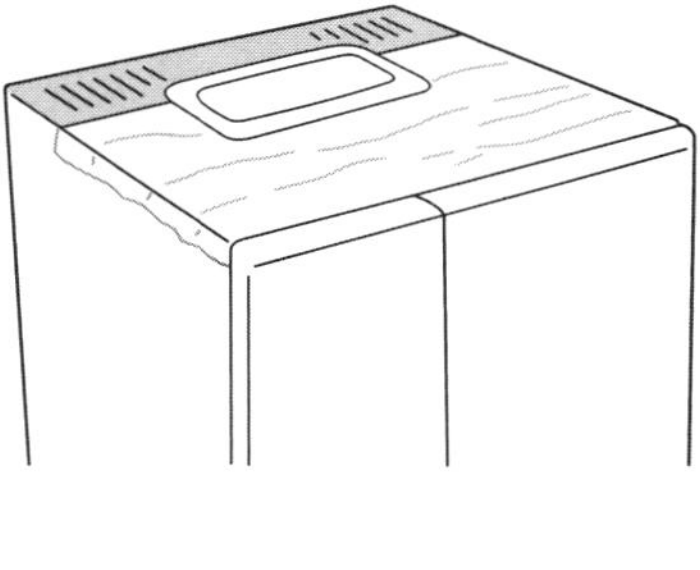

1口コンロタイプのアルミガードが油汚れを防ぎます

揚げ物の油は、2メートルも飛び散るそうです。毎回油汚れを拭くのは、かなりしんどいですよね。

揚げ物、炒め物をするときは、コンロ1口分をアルミガードで囲ってしまいます。

周囲や床に油が飛び散ることなく、掃除の範囲がミニマムになります。

アルミガードは、フライパンのそばに収納しておくと便利です。

コンロ1口分をアルミガードで囲って、油の飛び散りを予防します。

排水口の水切りネットは、まずシンクを掃除してからセットします

排水口のバスケットにかける水切りネット。交換するたびに、新しいネットに食器用洗剤をつけて、シンクを掃除してしまいましょう。

掃除したネットはそのままバスケットにセットすればOK。これを習慣化すれば、シンクはいつもピカピカです。シンク掃除用のスポンジも不要になるので、シンクもスッキリします。

水切りネットに食器用洗剤をつけて、シンクを掃除してから排水バスケットにセットします。

調理の前後5分間、換気扇を回すことが、掃除をラクにするコツです

キッチンを汚す大きな原因は油煙。換気扇がその予防策ですが、調理と同時に回していませんか？

実は同時ではまだ空気が循環しておらず、油煙が室内にたまってしまいます。調理の5分ほど前から回して空気の流れをつくっておくことがポイント。調理後も5分ほどかけっぱなしにしておきましょう。

野菜は洗う前に皮をむけば、生ごみ臭が抑えられます

にんじんや大根、れんこんなどの野菜は、洗う前に皮をむいてしまいます。
水気があるものをごみ箱に捨てると、生ごみ臭が発生しやすくなるからです。
むいた皮は三角コーナーや排水口に捨てるとやはり水気がつくので、直接ポ★

リ袋に捨ててぬれるのを防ぎます。

油汚れは力ではなく「温度」で落とします

油でベタベタに汚れた換気扇や、コンロの五徳。頑固な油汚れは、サッと拭くだけでは落ちません。みなさんならどうやって掃除をしますか？　がんばってゴシゴシと力を入れてこすりますか？　それとも強力洗剤の力を借りますか？　いっそのこと見ないふりをしちゃいますか？

しつこい油汚れの掃除には専用の洗剤などいろいろな方法がありますが、一番負担なくラクにキレイにできるのは、「50度のお湯につける」という方法です。

なぜなら油の融解点は「50度」。50度以上のお湯につけておくとこびりついた油が溶け出します。ゴシゴシと無駄な労力を使わなくても、簡単にきれいになるんです。溶かして落とす、ぜひ試してみてください。

ひどい汚れは無理にこすらず、つけ込んで落としましょう

浴室小物についた皮脂汚れ。落ちにくいこれらの汚れには、つけ込み洗いが有効です。

浴槽の残り湯を45度くらいに追い焚きして、粉末の酸素系漂白剤を湯100ℓに対して250g溶かし、洗面器、イス、風呂のフタなどを約2時間つけ込みます。

汚れがゆるむので、あとは軽くスポンジでこするだけできれいになります。同じ要領で、洗面ボウルに栓をして、石けん置きや歯ブラシ立てなどもつけ込んで汚れを落とします。

排水口のパーツなどの小さな部品は、ポリ袋に入れて塩素系のスプレー洗剤をかけ、汚れのひどいところは袋の上からなでつけると洗剤が密着して効果的。しばらく放置したら、水で洗い流します。

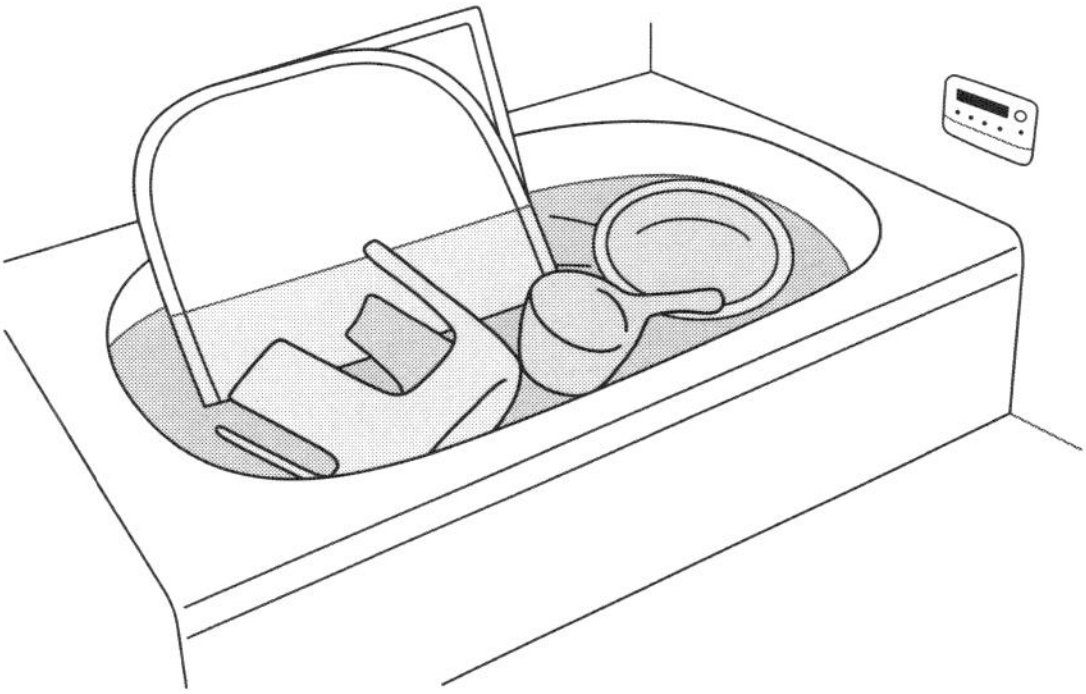

45度くらいの浴槽の残り湯に、粉末の酸素系漂白剤を溶かし、洗面器、イス、風呂のフタなどをつけ込みます。
つけ込むことで汚れがゆるむので、あとは軽くスポンジでこするだけ。体力を使うゴシゴシ洗いは必要なくなります。

石けん置きや歯ブラシ立てなどは、洗面ボウルに栓をしてつけ込みます。

浴室・トイレ掃除は重労働…ブラシ不要の洗剤スプレーの力を借りましょう

掃除道具や洗剤はどんどん進化しています。最新の商品を味方につけることも〝疲れない掃除〟の基本です。

お風呂掃除には、こすらずに落とせる洗剤が多数出ています。トイレや洗面台の排水口も、かけるだけ、スプレーするだけで洗浄できる洗剤があります。★蓄圧ピストンつきの洗剤なら、ワンプッシュでミストが途切れず、広範囲にムラなくスプレーできて、手も疲れません。

入浴時に重曹を入れると、浴槽の汚れが落ちやすくなります

重曹（炭酸水素ナトリウム）は、市販の入浴剤にも使われている成分。お風呂に入れると疲労回復効果が期待できます。そのうえ、浴槽の汚れをゆるめて

落としやすくするという、うれしい働きも！　週に1～2回ほど、入浴剤代わりにひとつかみ（180ℓに対して30g）入れて、浴槽の掃除を兼ねてしまいましょう。

トイレは汚れやすい4か所を掃除すればOKです

トイレは狭い場所ではありますが、意外と掃除するところが多いうえに、便器の奥のほうは手が届きにくいですよね。夏は暑く冬は寒いということもあり、毎回すべてをきれいにしようと考えると大変です。

実は、トイレには汚れやすい場所が4か所あります。それは、便座裏・便器の先端・フチ裏・便器前の床。

毎回、トイレ全体を掃除するのではなく、メリハリをつけて汚れやすい4か所をピンポイントで集中的に掃除しましょう。全体を掃除するのは、数回に1回で大丈夫ですよ。

浴室の小物は、すべて吊るしてヌメリを予防しましょう

部屋と同様、浴室も、床には何も置かないほうが掃除しやすく清潔が維持できます。

浴室の洗面器や掃除道具などは、お風呂の壁についているタオルハンガーにS字フックをかけて吊るしましょう。

洗顔フォームはフックつきステンレスクリップに挟んで吊るしたり、シャンプー類も詰め替え用パックに直接フックとポンプをつけて使える商品を利用して吊るしておくと、容器のまわりに水気がたまらず乾きやすくなり、カビやヌメリの予防になります。

バスチェアは100均の専用フックを使うか、浴槽のふちにかけておくと掃除がしやすくカビもつきにくくなります。

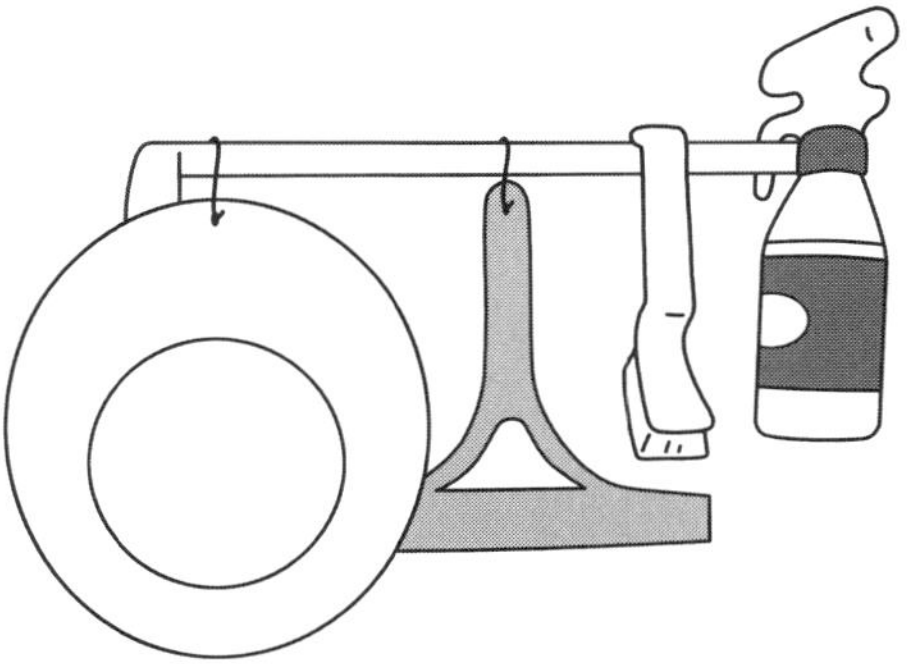

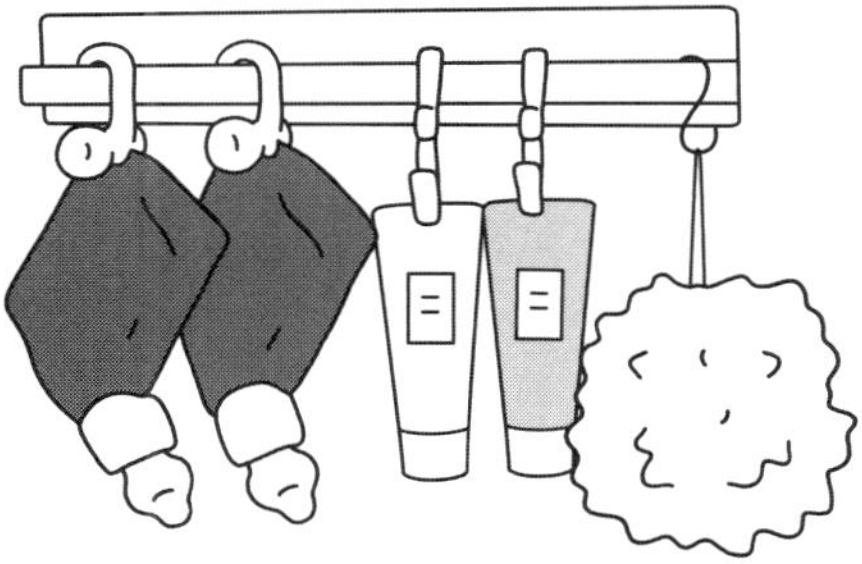

吸盤タイプのフックで、浴室小物を吊るすのもおすすめ。
壁にマグネットがつく浴室なら、★マグネットタイプが便利です。

浴室のカビ予防。掃除したあとは、フィルターをつけてしまいます

浴室の扉の下部にある通気口にホコリがたまっていると、通気口の役目を果たせず、カビの原因に。綿棒や歯ブラシでは届かないので、100均などで販売されている急須そそぎ口用の細いブラシを使って掃除します。そのうえで、市販の通気口専用のフィルター★を取りつけて、汚れを予防しましょう。

脱衣所は衣類から出る綿ボコリがたまりやすく、2週間経つとフィルターが真っ黒になります。

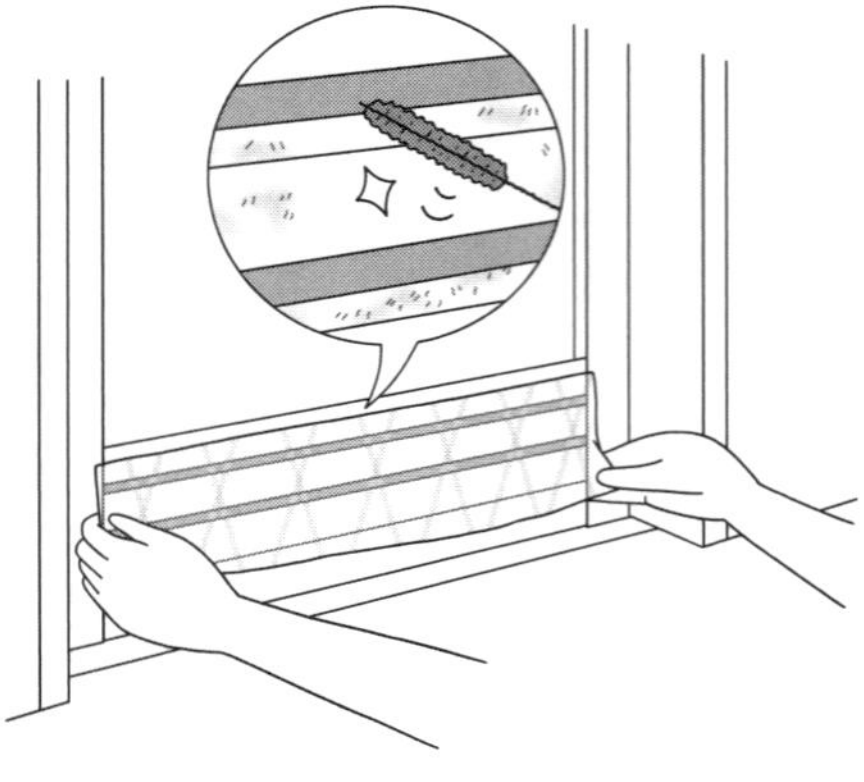

急須そそぎ口用の細いブラシを使って掃除して、通気口専用のフィルターでガードします。

浴室の天井はフロアワイパーで拭き掃除

浴室の天井のカビは目に見えなくても薄く繁殖し、やがて壁にも広がります。天井の掃除には、フロアワイパーが便利です。キッチンペーパーを2枚ほど重ねてつけ、アルコールをスプレーして使います。アルコールは高濃度を謳っている除菌スプレーを使いましょう。

カビを除菌するには、★アルコールは70～80％の濃度が効果的といわれています。

カビ取り剤は、正しい使い方で効果的に

カビ取り剤は乾いたところに使う、これが正解です。理由は、濡れたところではカビ取り剤が水分で希釈されて効果が薄まってしまうから。浴室で使う場合は、乾いた状態で使うか、水分を拭き取ってから使ってください。カビの上に皮脂汚れがのっていると、カビ取り剤が密着しづらいので、事前にお風呂用洗剤で皮脂汚れを掃除して、水気を取ってから、カビ取り剤を使うとより効果的です。

カビ取り剤はたくさんかければかけるほどカビが取れるということではありません。適量で十分。それよりも密着させることがポイントなので、キッチンペーパーや食品用ラップなどで覆って液だれや揮発を防ぎましょう。

また、カビ取り剤は、時間が経つにつれて有効成分が分解されて濃度が下がっていきます。1年を目安に使いきりましょう。

ふだん行き届かない場所は、1日1か所ずつ小さくやりましょう

ふだんは手が行き届かないけれど、なんとなく気になる細かいところの掃除。1日でまとめて掃除をしようとすると、けっこう大変でヘトヘトに……。

まとめて掃除するのではなく、ふだんの掃除にプラスする形で、1か所ずつ少しずつ掃除してはいかがでしょうか。

細かいところはいざ掃除をしようとすると忘れがちなので、あらかじめリストアップすることをおすすめします。

たとえば、1日目は玄関のたたき、2日目はドアノブ、3日目はスイッチプレート、4日目は洗濯槽を洗う等々。1日1か所ずつならそれほど手間ではありませんし、小さなところでも1つひとつきれいになっていくと、とても気持ちがいいですよ。

1日1か所〈プチ掃除リスト〉

ふだん行き届かない場所も、1か月に分けると少しずつ済ませられます。この通りにやらなくても大丈夫。気になるところから取り組みましょう。

- ▢ 1日目【玄関まわり】表札やインターフォンなどをペンキのハケでひとなで
- ▢ 2日目【靴箱】あいているところを除菌ウェットティッシュで拭く
- ▢ 3日目【キッチンの排水口】塩素系漂白剤スプレーを3プッシュ。5分置いて流す
- ▢ 4日目【冷蔵庫】庫内のあいているところをアルコールスプレーで拭き掃除
- ▢ 5日目【トースター】パンくずトレイを洗う
- ▢ 6日目【電子レンジ】庫内を掃除。マグカップに水を入れて加熱すると、水蒸気で油汚れがゆるむ
- ▢ 7日目【炊飯器】アルコールスプレーで拭き掃除
- ▢ 8日目【電気ケトル】水垢を落とす。水を入れてクエン酸を混ぜて沸かすだけ
- ▢ 9日目【キッチンの家電棚】棚の上を水拭き
- ▢ 10日目【レンジフード】ウエスやお掃除シートを使って油汚れを掃除
- ▢ 11日目【食器洗浄機】専用洗剤でクリーニング
- ▢ 12日目【テレビ】画面をハンディモップで掃除
- ▢ 13日目【ドアノブ・スイッチプレート】手垢を除菌ウェットティッシュでひと拭き
- ▢ 14日目【リモコン・パソコン】除菌ウェットティッシュでサッとひと拭き
- ▢ 15日目【ダイニングテーブル・イス】除菌ウェットティッシュでサッとひと拭き
- ▢ 16日目【リビング家電】空気清浄機や加湿器などの手入れ
- ▢ 17日目【歯磨きコップ・歯ブラシスタンド】洗う
- ▢ 18日目【洗面台の蛇口・鏡】クエン酸シートで拭き掃除
- ▢ 19日目【洗面台の排水口】塩素系漂白剤スプレーを3プッシュ。5分置いて流す
- ▢ 20日目【浴室の排水口】ヘアキャッチーなどのパーツを浴室洗剤で洗う
- ▢ 21日目【風呂釜】酸素系漂白剤で洗浄する
- ▢ 22日目【トイレの蛇口・手洗い器】クエン酸シートで拭き掃除
- ▢ 23日目【トイレのウォシュレット】クエン酸シートでやさしく拭く
- ▢ 24日目【ベランダ】砂をホウキでサっと掃く
- ▢ 25日目【押し入れ】風を通してカビ予防
- ▢ 26日目【浴室】防カビくん煙剤をかける
- ▢ 27日目【掃除用品のお手入れ】アルコールスプレーで拭いて除菌する
- ▢ 28日目【洗濯機のゴミ取りネット】はずして洗う
- ▢ 29日目【洗濯機の洗濯槽】塩素系漂白剤で洗浄する
- ▢ 30日目【ゴミ箱】アルコールスプレーで拭いく
- ▢ 31日目【フィルター】フィルターを掃除したり交換する

疲れない洗濯

洗濯機まわりで「洗う」「干す」「しまう」の3つを完結させます

洗濯は家事の中でも特に動線が長いものになりがちです。洗う、干す、たたんでしまう。それぞれ場所が離れていると、移動の手間と時間がかかります。濡れた衣類は意外と重いうえに、干すときにかがんだり、背を伸ばしたり、年を重ねるにつれて負担が大きくなる家事でもあります。

さらに戸建てで1階で洗って2階で干すとなると、階段の昇り降りも加わり、足を踏みはずす危険も。

できるだけラクにするためには、洗う・干す・しまうを集約した「洗濯基地」をつくりましょう。たとえば、洗濯乾燥機にすれば、洗う・干すは同じ場所になります。また、脱衣所に室内干しスペースを設ければ、洗濯機から取り出してすぐに干せるので移動の手間もかかりません。

洗濯機を中心に、洗濯にまつわるすべてを集約した「洗濯基地」をつくります。

「干す」「しまう」も洗濯機のまわりで完結。乾燥機やピンチハンガー、タオルスタンドで干したら、その場でたたみます。

室内干しにすれば天気や季節、時間に影響されることはありません。雨が降っても夜間でも洗濯できます。洗濯から自由になれるというメリットがあるのです。

室内干しにするなら、洗濯機の近くに突っ張り棒をつけて干しましょう。突★っ張り棒は重いものもかけられる耐荷重の高いものを選びます。洗濯機の近くが狭くてつけづらいなら、浴室でもOK。いずれにせよ、なるべく洗濯機のそばで完結させます。干すときは5時間以内に乾かないとニオイが発生するので、乾きづらいときは除湿機を併用します。

しまう場所は、タオルはもちろん、できれば下着やパジャマも脱衣所内に確保すると、洗濯は格段にラクになります。

洗濯物が乾いたらいったんカゴに入れて、リビングなどに運んでたたむ。大半の方がそうしているかもしれません。私は移動せずに、その場で立ったままたたんでしまいます。乾いたときがたたむとき。「なるべく移動しない」が、〝疲れない洗濯〟のポイントです。

「乾燥機にかける」「かけない」「おしゃれ着」…洗濯カゴを分けて、洗濯物の仕分けを自動化

ふだん、ランドリーバスケットはひとつだけ使い、洗濯機に入れるときに、「ふだん着」や「おしゃれ着」などに選り分けているご家庭が多いのではないでしょうか。

これからは、あらかじめランドリーバスケットを3つ用意しておくと便利です。それぞれに、「乾燥機にかけるもの」「乾燥機にかけないもの」「おしゃれ着」の札をぶら下げ、脱ぐときに分けて入れてもらいます。

さらに洗濯ネットもあらかじめ口をあけた状態でランドリーバスケットにセットしておけば、洗濯機に入れるときはチャックを閉めるだけで済みます。

洗濯ネットは複数のサイズをそろえると便利ですが、管理が大変なので、汎用性のある中くらいの大きさのものを使うと便利です。

普通洗いとおしゃれ着洗いの分け方をあえて曖昧にしてしまいます

おしゃれ着の洗濯物が少ないときは、ふだん着と一緒に「普通洗い」に。それほど繊細なものでなければ、洗濯ネットを二重にかければ問題ありません。

逆におしゃれ着がたまっていて普通洗いが少ない場合は、おしゃれ着洗いで一緒に洗います。

1回着ただけの衣類をしまう場所をつくれば、洗濯物がとたんに減ります

まだそれほど汚れていない衣類を、なんとなく洗っていませんか？

「1回着ただけの衣類」をしまう場所をつくると、洗濯物はとたんに少なくなります。クローゼットの扉にフックをつけたり、クローゼットの中に1回着ただけのコーナーをつくりましょう。

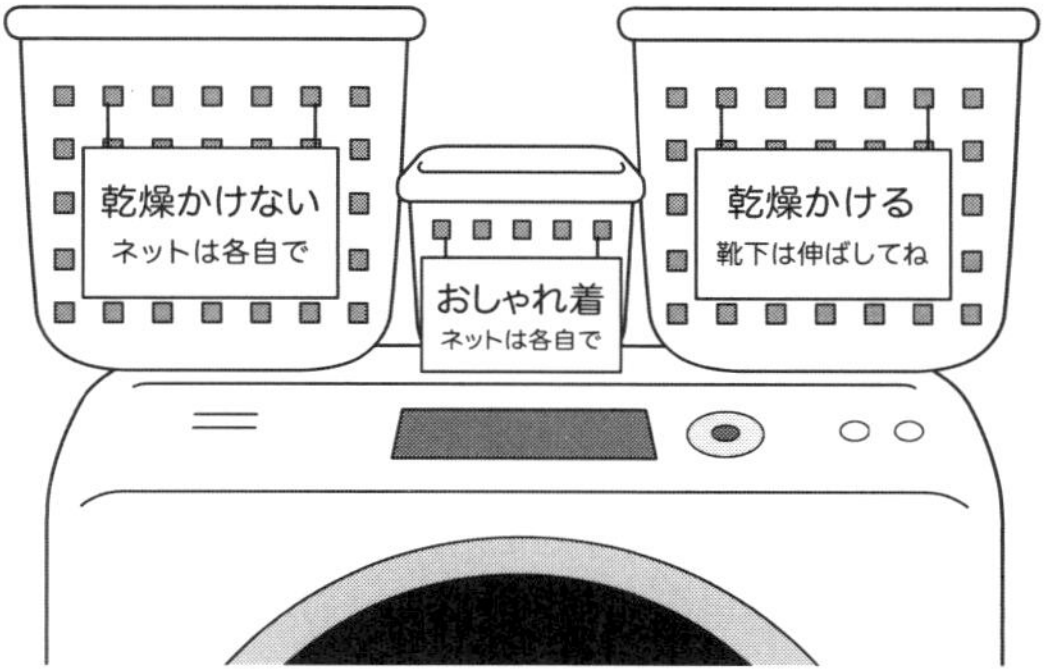

「急ぎのもの」「色柄物」など、分け方は家族の状況に合わせましょう。

クローゼットの中に仕切りをつくり、1回着た服とまだ着ていない服を分けて収納します。

乾きにくいバスタオルはやめて、フェイスタオル2枚にします

洗濯物の中で、バスタオルは割と大きい上に、乾きづらいという難点があります。

バスタオルの代わりにフェイスタオルを1~2枚使うようにしてみると、使い勝手のよさに驚くかもしれません。

扱いやすいサイズで、渇きもいいので、気軽に洗濯でき、いつも清潔なタオルを使えます。

マットはやめるか、洗濯不要のものに変えましょう

キッチンやお風呂、トイレのマットの洗濯はなかなか手間がかかります。思い切ってマットをやめてしまうか、洗濯不要なものに変えてしまいましょう。キッチンはマットがないほうが、油はねや食材が落ちたときにサッと掃除ができます。お風呂は吸湿性が高く、乾きやすい珪藻土《けいそうど》マットに。トイレは★ポリ塩化ビニル素材のマットが、こまめに拭けて清潔です。

引っ張ればはずれるピンチハンガー、タオルスタンド、平干しネットを使いましょう

★引っ張ればはずれるピンチハンガーは、1個1個ピンチをはずす必要がなく便利です。それでも干すときは、腕を何度も上げ下げしなければならず、意外と疲れるもの。★タオルスタンドやセーターなどに使う平干しネットなら、下着や靴下などの小物はただ掛けるだけ、のせるだけで干すことができます。

乾きにくいトップスは、ピンチハンガーで「逆バンザイ干し」に

厚手の服の脇の下やパーカーのフード裏などは、通常のハンガーで干すと重なってしまい、乾きにくいですよね。なかなか乾かないまま長い時間放置してしまうと、生乾きのイヤなニオイがついてしまうこともあります。

100均には平干しネットや、パーカー専用ハンガーなども売っていますが、いつものピンチハンガーでも乾きやすくすることができます。

それは、「逆バンザイ干し」。ピンチハンガーで服の裾の部分を留めて、逆さに吊るすように干すという方法です。

この干し方にすると、脇の下やフードが重ならず、まんべんなく空気に当たるので、通常のハンガーで干すよりもかなり早く乾きます。

ピンチハンガーが足りない場合は、クリップのついたズボンやスカート用ハンガーを使って同じように干すことができますよ。

タオルスタンドやセーターなどに使う平干しネットなら、下着や靴下などの小物はただ掛けるだけ、のせるだけで干すことができます。

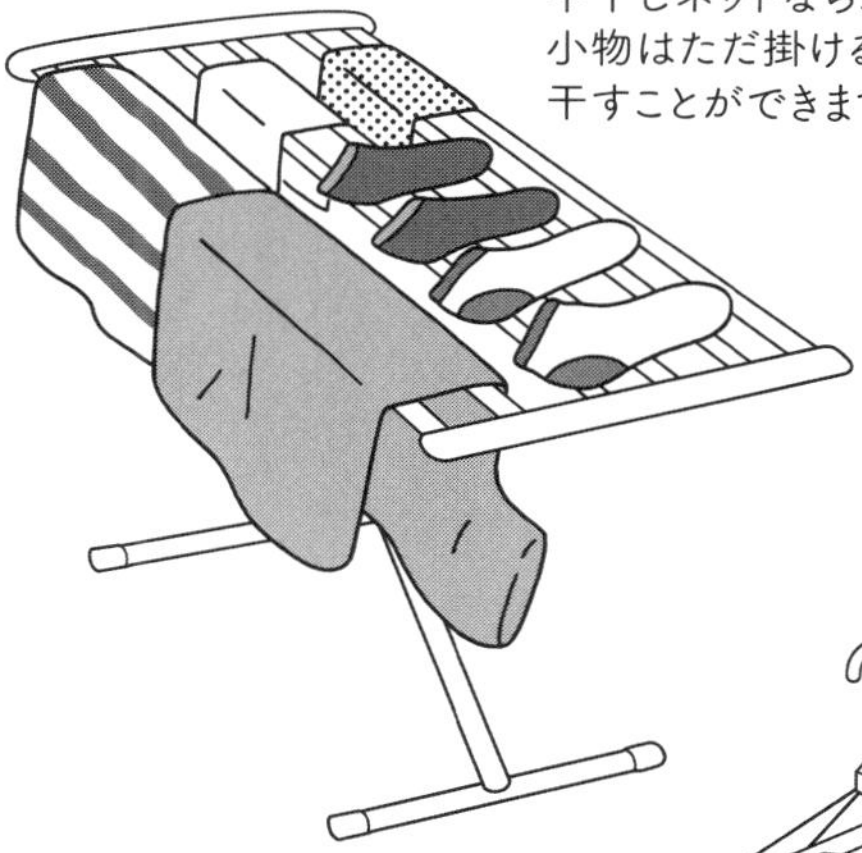

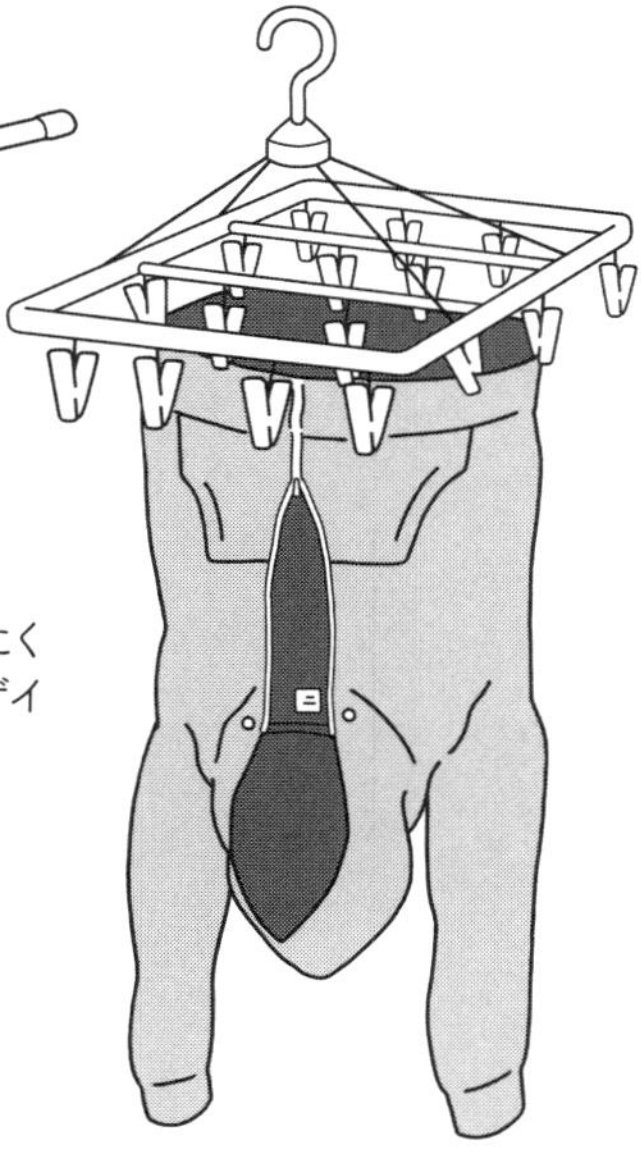

服の脇の下やフード裏など乾きにくい部分が重ならない「逆バンザイ干し」。
シワも伸びて一石二鳥です。

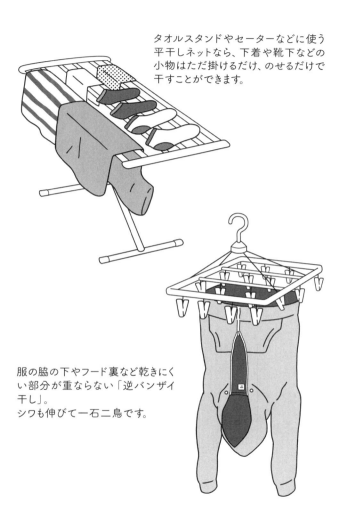

またすぐ使うものは「たたまない」という選択肢もあります

毎日使うものは、たたむのをやめてみませんか。

たとえば、バスタオルやフェイスタオル。これらは浴室の扉や洗面所にあるタオルバーにそのまま掛けてしまいましょう。

ひとつのタオルバーに複数枚掛けてもいいですし、タオルにループをつけておいて、フックに掛けるのもいいと思います。

下着は脱衣所の引き出しの中に、100均やホームセンターなどで売っている仕切り板を使って区切り、ひとつの枠に下着1枚を収納。その枠に収まる分だけ収納し、新しい下着を買ったら古いものは手放すというルールを決めれば、増えすぎ防止にもなります。

男性のTシャツや下着は半分に折って、書類用のファイルボックスに積み重ねていきます。

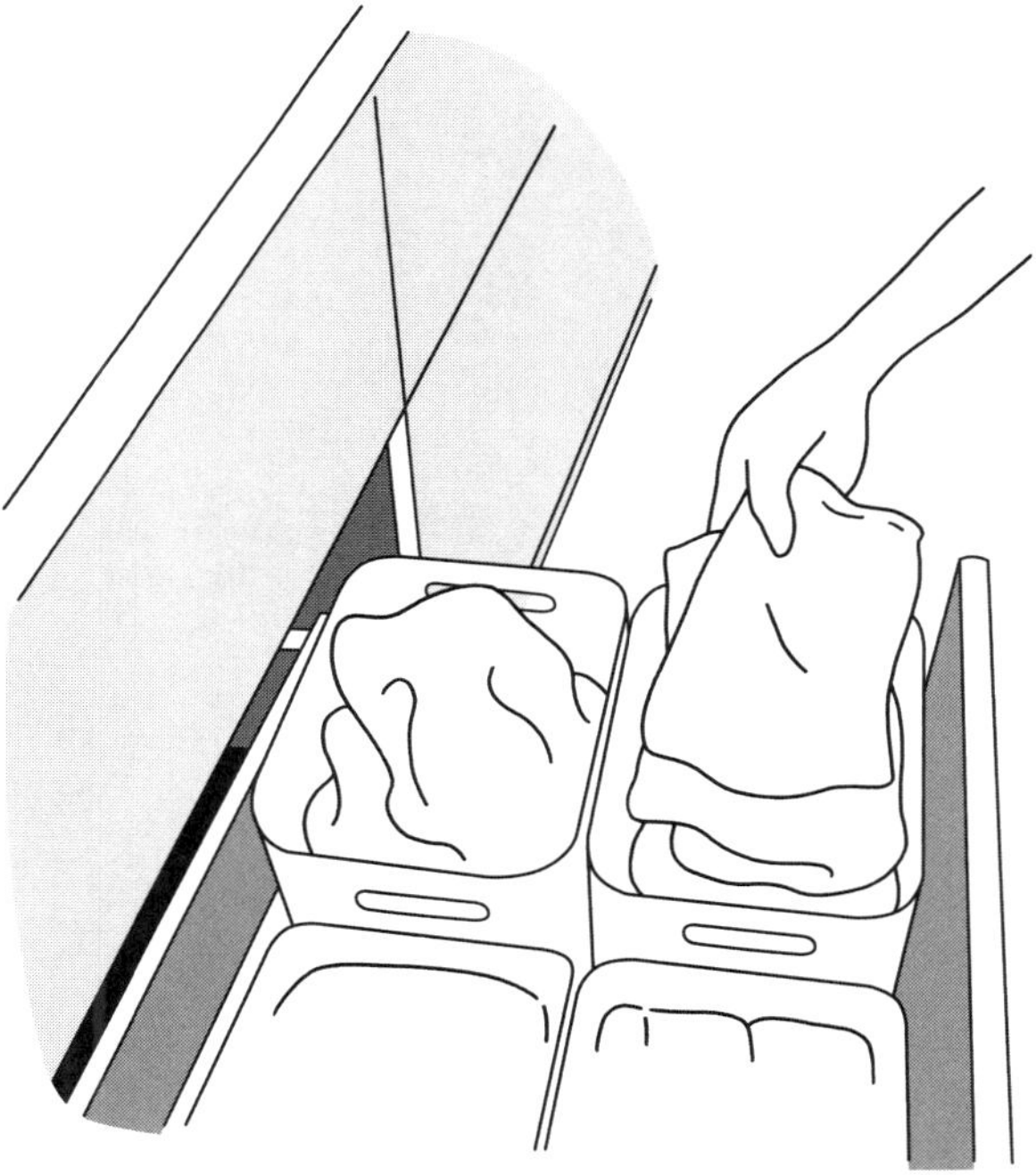

キッチンで使うふきんは、キッチンのシンク下にカゴを置き、たたまずそのまま入れてしまいます。

「アイロンはかけない」でも意外に大丈夫なんです

シャツのアイロンがけは、時間も手間もかかります。シワや型崩れを防ぐシ★ャツ専用の洗濯ネットを利用すると、アイロンをかけなくても大丈夫。脱水を短めにして重みがある状態のときに手である程度伸ばしてから干せば、アイロンをかけるほどシワになりません。

下着やパジャマの収納は脱衣所に

脱衣所にタオルだけでなく、下着やパジャマも収納できると、すぐにしまえてラクチンです。「そんなスペースはない」という方は、洗濯機と壁のわずかな隙間を活用できないかチェックしてみてください。幅15㎝程度でも入る隙間家具が、通販などでも販売されています。

シャツだけでなく、パンツやスカート専用の洗濯ネットもあります。

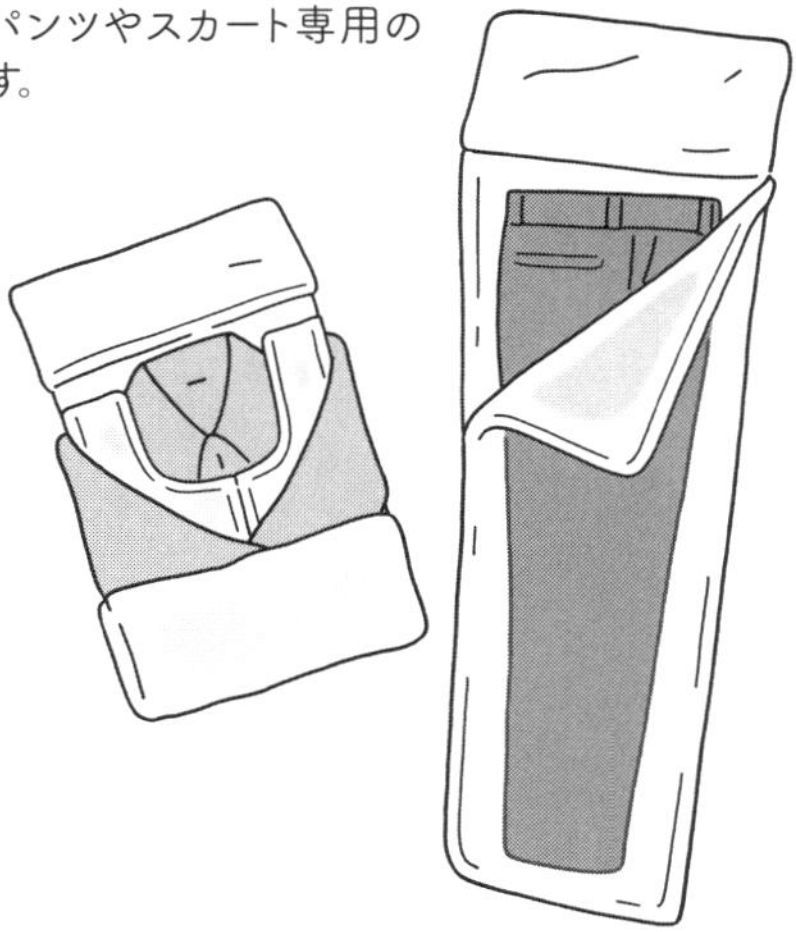

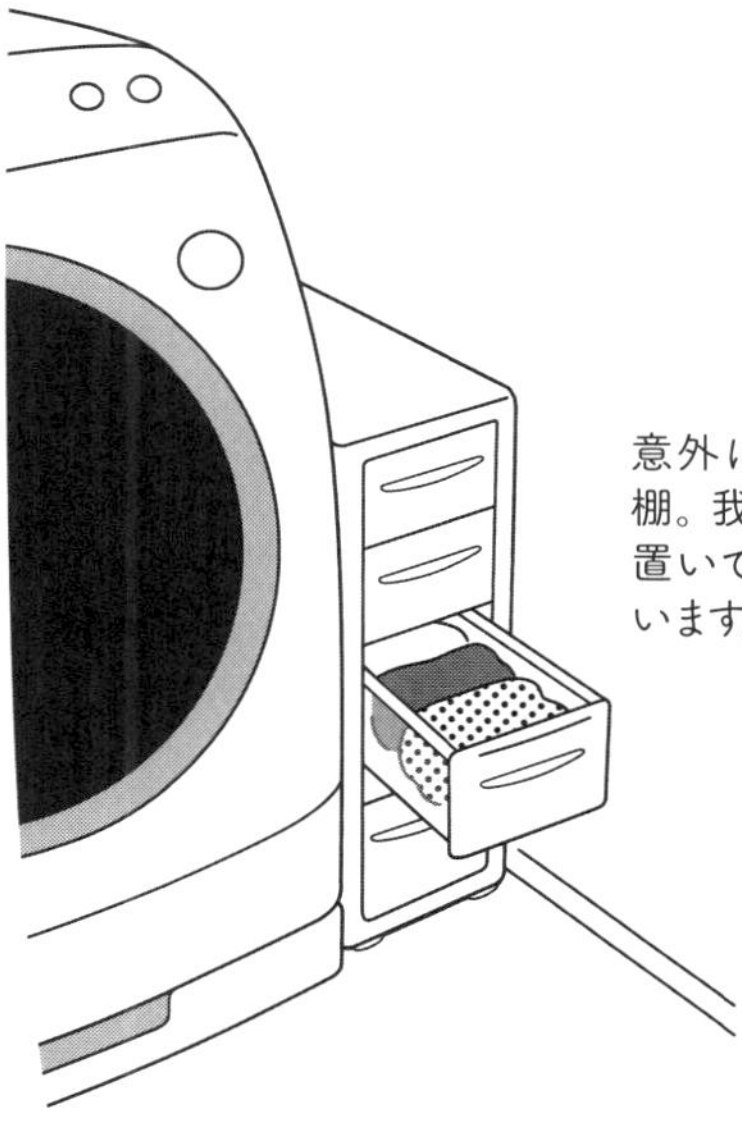

意外に収納力がある細い収納棚。我が家では、洗濯機の横に置いて下着やパジャマを入れています。

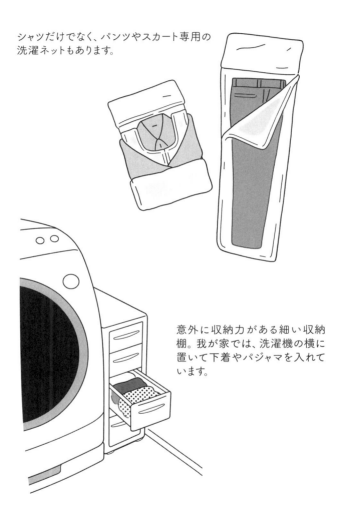

洗面所の多すぎるタオルを整理すれば、洗濯用品や着替えなどが、スッキリ収納できます

多くの洗面所は、収納スペースが小さめです。現在の収納スペースでは足りないという方は、まず、タオルの数が多すぎないかチェックしてみてください。

あるお宅では、使い古した雑巾予備軍のタオルも洗面所に置いていて、タオルだらけになっていました。それを整理することで、洗剤のストック、洗濯用品、下着やパジャマなどが置けるようになりました。

使っていないタオルももったいなくて手放せないという方は、思い切ってタオルを全部同じ色・デザインのものに統一してしまうのもおすすめです。それだけで脱衣所がホテルのようにスッキリと垢抜け、その環境に合わない古いタオルは自然と手放しやすくなります。

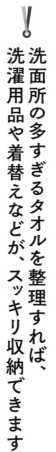

古いタオルは掃除に使ったり、動物病院に寄付したりすると有効活用できていいですね。

家族の洗濯物は、「各自でたたむ・しまう」をルールに

洗濯が終わったら、家族の人数分のケースを用意し、それぞれの衣類を分けて入れます。あとは本人がたたんでしまうだけ。ケースには誰のものかわかるように色の違うリボンやテープなどで目印をつけましょう。

なかなか持っていこうとしないときは、ソファの上に置いて、片づけないと座れないようにしてしまいます。

洗濯機のボタンに操作順の番号をふって、家族で家事分担

日頃から家事をしていない夫に洗濯を任せると、洗濯機の操作の順番を間違えたり、「このやり方で合っているか」と何度も訊かれてかえって面倒になってしまうかもしれません。

そこで、まず洗濯機の使い方に慣れてもらうために、洗濯機のボタンに操作の順番を示す番号を書いたシールを貼ってしまいましょう。操作を覚えたら剥がしてしまってもOKです。

つけおき洗いは、洗面器の代わりに洗濯機を使います

袖口や襟など汚れが気になる衣類。洗面器やバケツをいちいち出してつけおきしている方もいらっしゃいますが、代わりに洗濯機を活用しましょう。衣類

と洗剤を入れて、洗濯機の「洗い」の途中で一時停止します。一定時間おいたら、そのまま再スタートして普通に洗濯するだけです。

もともとつけおきモードがついている洗濯機もあるので、確認してみてください。

洗濯の水量は自動設定のひとつ上に

節水型の洗濯機は水の量が少なくても洗濯できるというメリットがありますが、汚れがひどいときは「なんだか落ちてないな」と感じることも。

でも、汚れをしっかり落としたいからといって、水の量はそのままで洗剤の量だけを増やしてしまうのはNGです。

水の量を自動設定よりもひとつ上に手動で設定して、洗剤はその水量に応じた量を入れましょう。すすぎ1回でOKの洗剤でもすすぎを2回にすると、より汚れ落ちがよくなります。

「たたむ」を減らす ハンガー収納が快適です

ワンピースはもちろん、シャツやTシャツ類も、ハンガーで干して、ハンガーのまましまえば、「たたむ」を省略できます。着る服を選びやすいというメリットも。

デメリットは、たたむよりも収納の幅を取ってしまうこと。収納スペースが小さい場合はたたんだほうが場所を取りません。とはいえ、一般的に女性は持っている衣類の8割は着ていないという調査結果もあります。着ていないものは、この機会に整理するのもいいかもしれません。

ニット類はハンガーにかけたままだと、肩の部分が伸びてしまいます。なのですが、実は掛け方の工夫で、ニットもハンガー収納ができるのです。

腕の部分を前にクロスさせてハンガーにかけると、型崩れを防げます。

よく着ている衣類だけでも、ハンガー収納に。

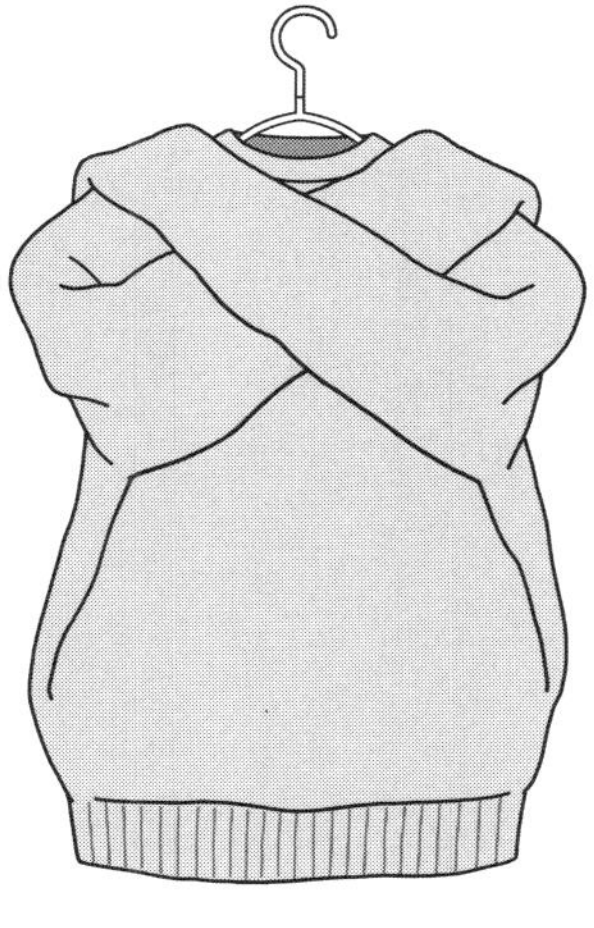

ニットは袖を前でクロスさせてハンガーにかけると、肩の部分が伸びません。

クローゼットは人別でなく、シーズン別にします

以前はふたつのクローゼットを夫用と私用、それぞれ使っていました。こうした人別の分け方だと、洗濯後の収納に2か所を移動しなければなりません。そこで、クローゼットをオンシーズン用、オフシーズン用で分け、オンシーズン用クローゼット内の左側は夫用、右側は私用にして共有することに。衣類の収納が1か所にまとまって、かなりラクになりました。

ハンガーのデザインをそろえると、カサが減ってゆとりができます

ハンガーがバラバラのデザインだと、幅をとって収納力が落ちてしまいます。同じ形のハンガーでそろえるとスッキリ、コンパクトにまとめられます。収納しやすい、ゆとりのあるクローゼットを目指します。

目印の大きなピンチの左が夫用、右が私用です。

★
細くてすべり落ちないハンガーなら、収納力も抜群。ホームセンターやネットで手に入ります。

不要な衣類を手放せば、洗濯の負担が減ります

家事はモノの量が減るだけで、ずいぶんとラクになります。家事の棚卸しであるこの機会に、衣類の量を見直してみませんか。

そうはいっても、また着るかもしれないからなかなか手放せない……ということもあるかもしれません。

処分するかしないかを判断するひとつの方法として、衣替えのタイミングで衣類を裏返して収納することをご提案します。

シーズンはじめに裏返して収納すれば、
一度も着なかった衣類が一目瞭然です。

シーズン後まで裏返しのままだったら、ワンシーズン一度も着ていないということ。「もう処分してもいいかも」と背中を押してくれるかもしれません。オフシーズン中は服を預かってくれるクリーニング店を利用し、「お金をかけたくない」という気持ちになった服は手放すと決めてもいいかもしれません。

カバーやシーツは洗って乾いたものを、そのまま装着します

ふとんやまくらのカバー、シーツは、大きなものなので洗って干すのはもちろん、たたむのも大変です。洗っている間に、予備のカバーやシーツを装着している方が意外と多いのですが、予備を出さずに干し終わったものをまた装着すると、たたむ手間が省けます。

カバーは裏返して洗い、裏返しの状態から装着するとラクです

まくらやふとんのカバーは、洗う前に裏返して洗濯機へ。裏返しのまま乾かして取り込んだら、広げたふとんの上にのせ、カバーの四隅のヒモをふとんのループに結びます。そしてカバーをひっくり返すと簡単に装着できます。

まくらカバーも裏返しになった状態で中に手を入れ、枕のみを持ってひっくり返すと簡単に装着できます。

ふとんカバーのファスナーがコの字に大きく開くタイプや、ヒモがなくても中のふとんがずれないカバーも見かけるようになりました。

１００均で売っているスナップつきの「★お名前リボン」を、カバー四隅のヒモに結びつけておくというアイデアも。リボンをふとんのループに通してスナップボタンを留めるだけ。ワンタッチで装着できます。

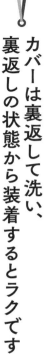

ふとんカバーを裏返して、ふとんの上に置いて、カバーの四隅のヒモをふとんのループに結びます。カバーのファスナーのあるほうから両手を差し込み、反対側の両角をつかんで、一気に裏返します。

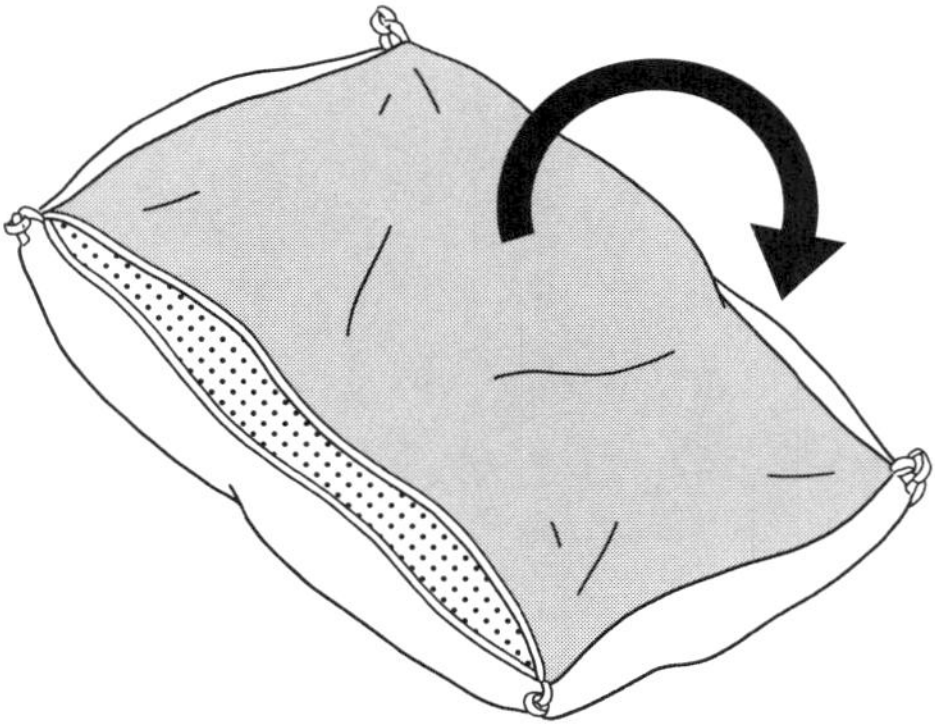

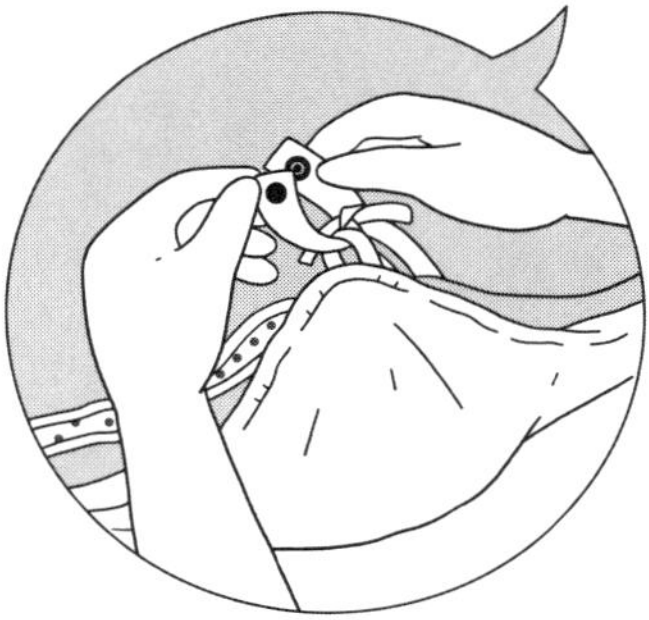

「お名前リボン」を、カバー四隅のヒモに結びつけておくと、ワンタッチで装着できます。

外干しと同じ効果。重いふとんは室内干しで十分です

重いふとんを持ってベランダで干すのは足腰に負担がかかります。日当たりがよいところにイスなどを置いて、その上で乾かすだけで十分湿気は取れます。

イスを出すのが大変なら、日替わりでふとんの頭側と足側を交互にめくっておきましょう。それだけでも、ふとんの湿気が飛ばせます。

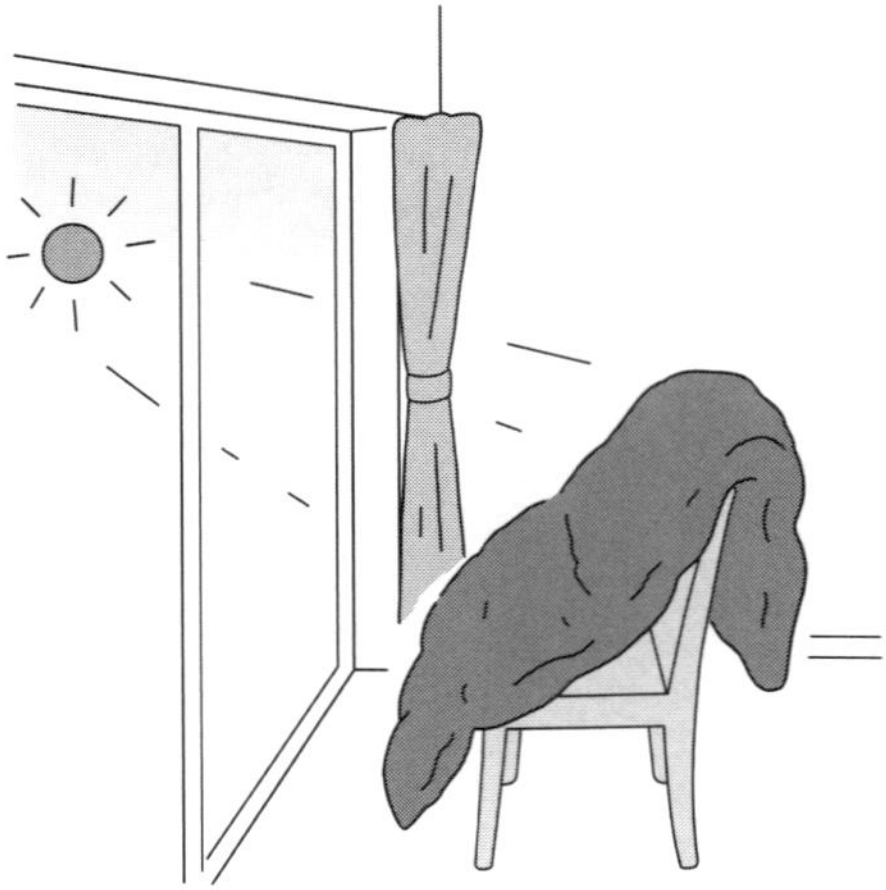

掛けぶとんを羽毛すれば、軽いですし、陰干しでいいのでラクチンです。

疲れない料理

キッチンをコックピットにしてしまいましょう

年を重ねるごとに食事が体の状態、気持ちのコントロールに大きく影響するようになってきます。「料理するのがつらい、やりたくない」と思ってしまうと、いくら時短しても食事を楽しめなくなってしまいます。

そこで、調理や後片づけといった料理に付随するものを、とことん効率化しましょう。その代わり、料理の中身そのものは時短にこだわらず、楽しくつくれるように工夫します。

おすすめはキッチンのコックピット化。飛行機やロケットの操縦席はよく使うレバー、ボタンなど、使用頻度が高いものから手前に配置されています。

キッチンは未来の健康の操縦席。コックピットをイメージしてキッチン道具を配置しましょう。

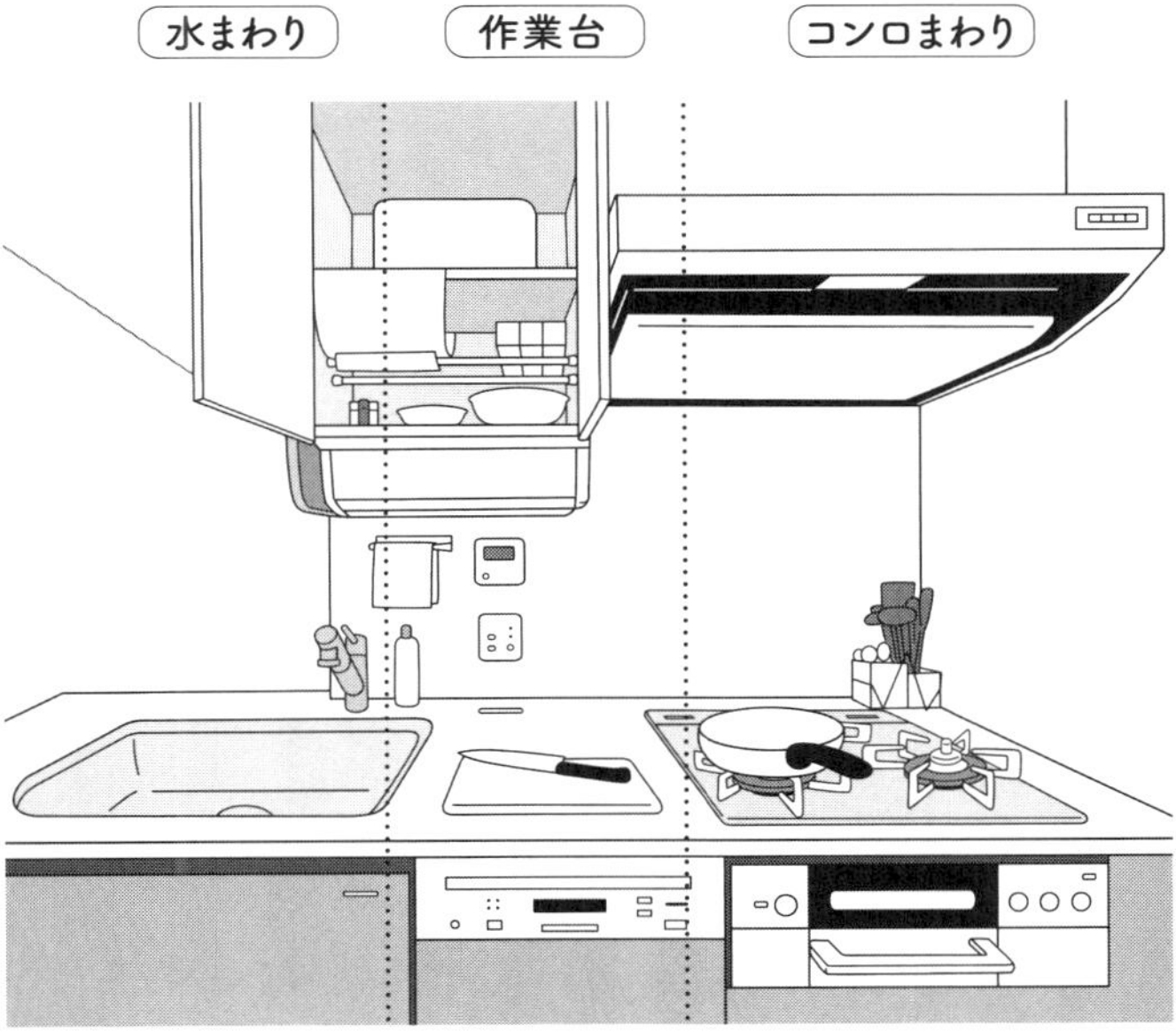

水まわり、作業台、コンロまわりの3つを、縦に区切ります。

まず、キッチンを全体的に見たときに、水まわりと作業台、コンロまわりと、3つを縦に区切ります。それぞれの3つのエリアに立ったときに、背伸びしたり、かがんだりせずに手が届く、腰上から目までの高さ（私は「ゴールデンゾーン」と呼んでいます）によく使うものを配置して出し入れしやすくします。

水まわりのゴールデンゾーンは、スポンジ、洗剤、排水ネットなどがあるといいですね。

作業台のゴールデンゾーンは、調味料、包丁、まな板、ボウル、ザル、キッチンバサミ、スケールなど。

コンロまわりのゴールデンゾーンには、鍋、フライパン、フライ返し、お玉などを。

背中側に食器棚や調理家電がある場合は、背中側のゴールデンゾーンも整えると調理しやすくなります。

縦に区切ることで横移動の必要がなくなり、立った位置のまま必要なものが手に取りやすい、コックピットにできるのです。

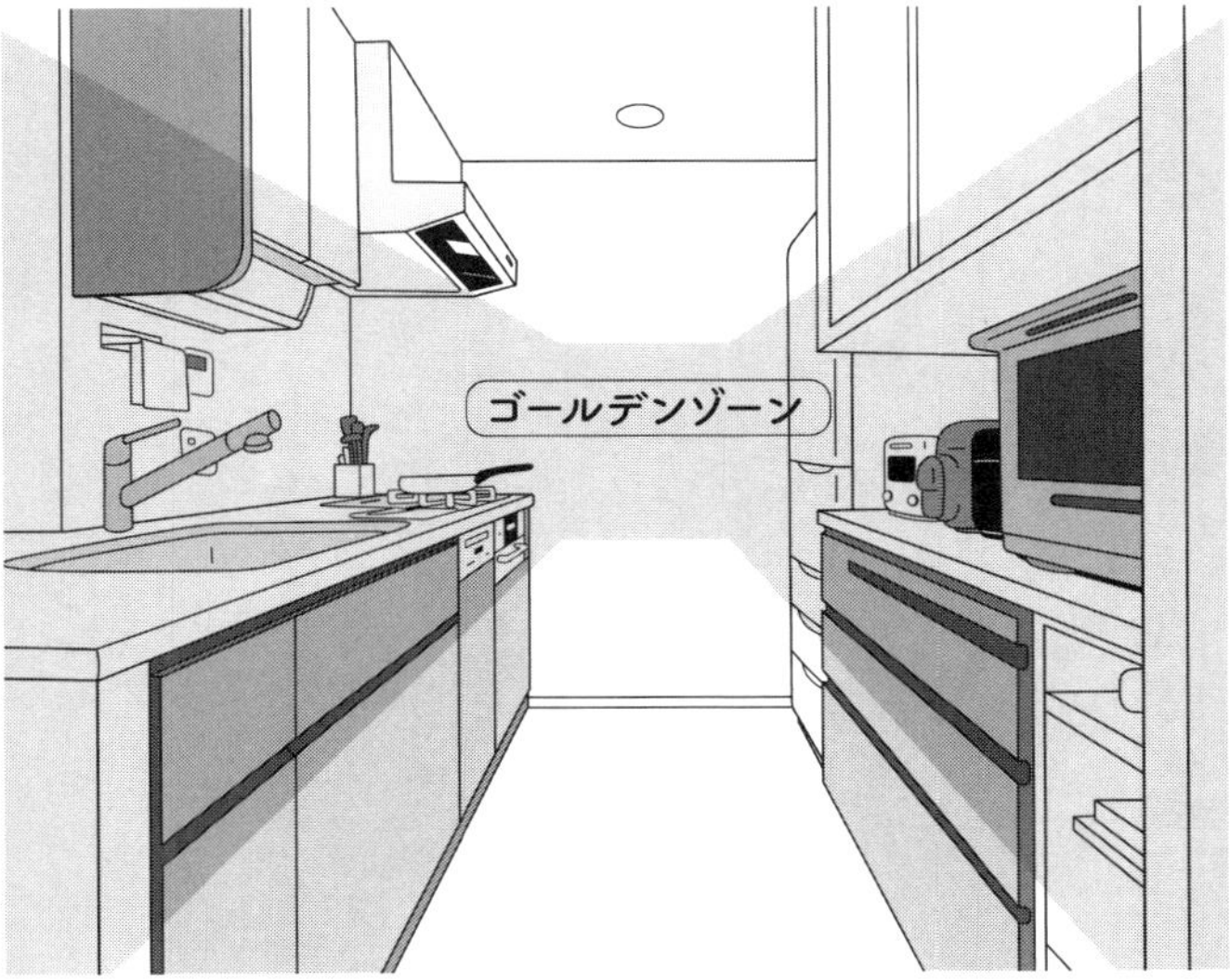

手を伸ばしやすいゴールデンゾーンに、よく使うものを収めます。

炊飯器を軸にしたごはんの「Iライン」をつくります

料理の中でも毎日のようにあるのが、ごはんを炊く、よそう、保存するという工程。この工程をラクにするには、「Iライン」をつくります。

炊飯器を軸に、米びつ、茶碗、しゃもじ、余ったごはんを保存する容器を縦1列に配置。この場所に立てば、ごはんを炊く、よそう、保存するのすべてを一歩も動かずに済ませることができるようになります。

定年退職したパートナーと家事を分担するようになり、「しゃもじはどこ？保存容器はどこ？」といちいち聞かれて困るという話をよく聞きます。

ごはんのIラインをつくれば、ふだん料理をしない方にも、すぐにわかるはず。最低限、ごはんだけは炊いて、よそって、しまうことができます。家族を家事に巻き込む意味でも、ぜひ試してみてください。

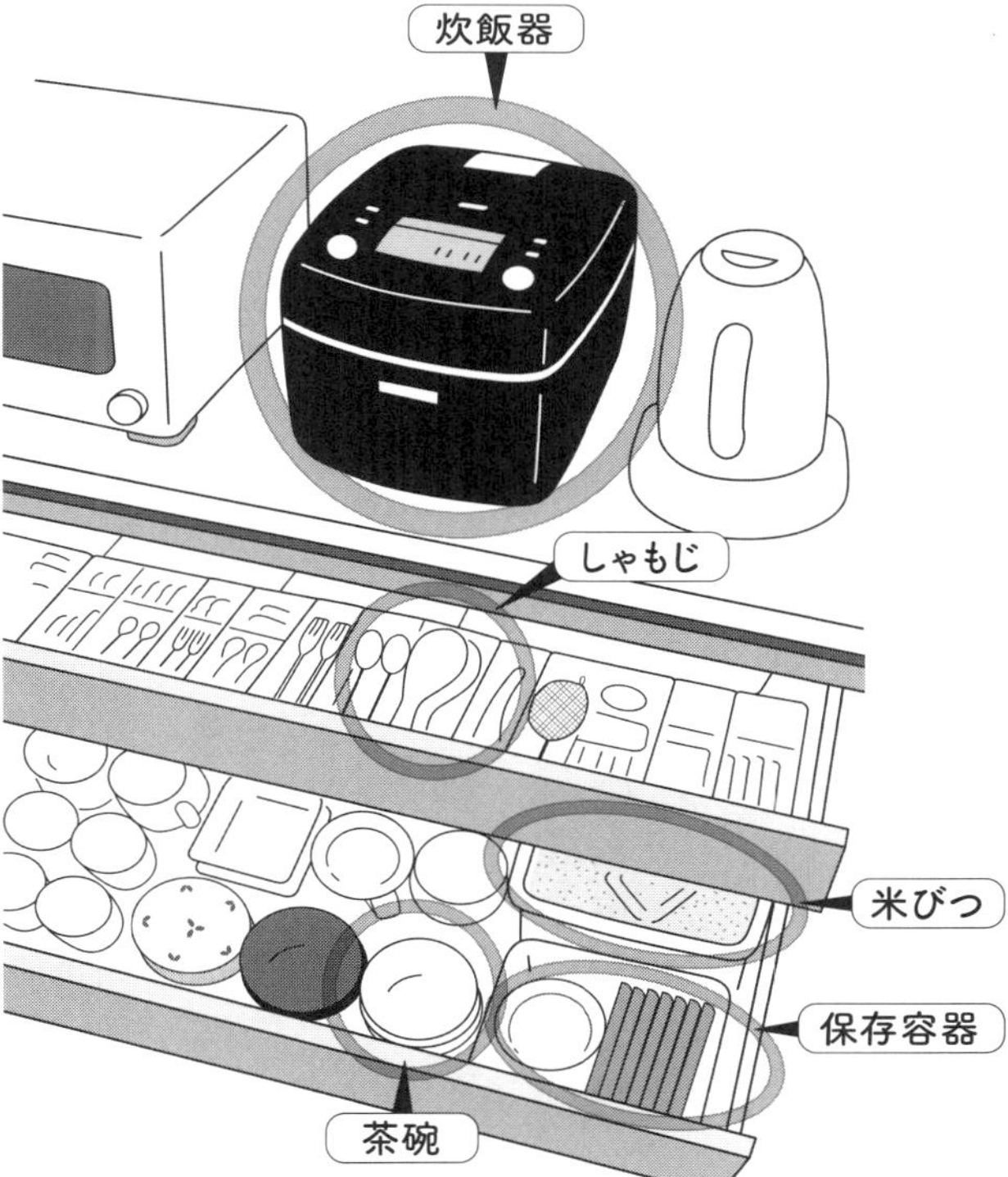

ごはんの「Iライン」。炊飯器、しゃもじ、茶碗、米びつ、保存容器が縦のラインに収まっています。

食材を置く、切る、盛りつけるの3スペースを確保する

調理をスムーズに行うには3つのスペースが必要です。調理に使う食材をおく「準備スペース」と、切ったり和えたりする「調理スペース」、盛りつけるための「配膳スペース」。この3つがないとたちまちキッチンは渋滞を起こしてしまいます。「調理スペース」は皆さんあると思いますが、「準備スペース」と「配膳スペース」がない場合、どうしたらいいでしょうか。

まず1つ目は、家電などが置いてある場所を利用する方法。その一角を整理して空間をつくり、準備や配膳用に使いましょう。

2つ目は、電子レンジやトースターの上の空間を利用する方法。市販のラックを置いてスペースをつくりましょう。

3つ目は、電子レンジやガスコンロの下に差し込んで使う「レンジテーブル」という便利グッズを使う方法です。

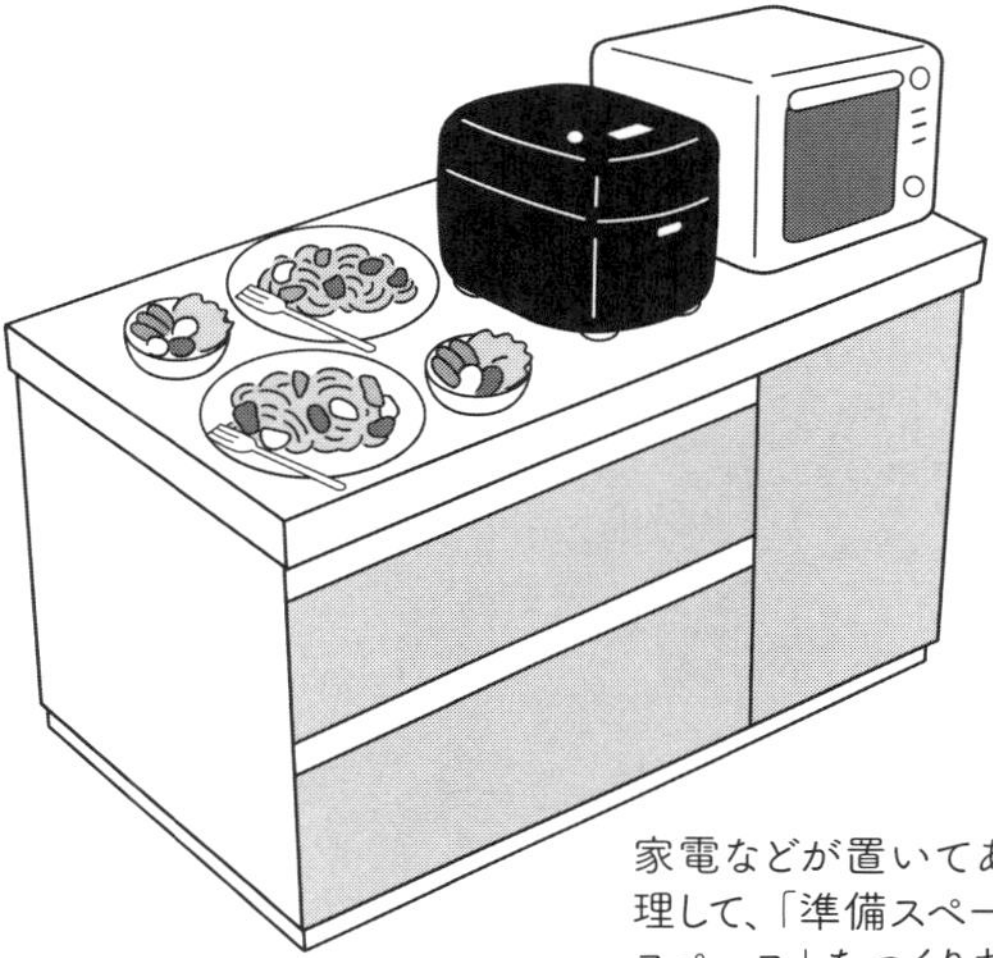

家電などが置いてある場所を整理して、「準備スペース」と「配膳スペース」をつくります。

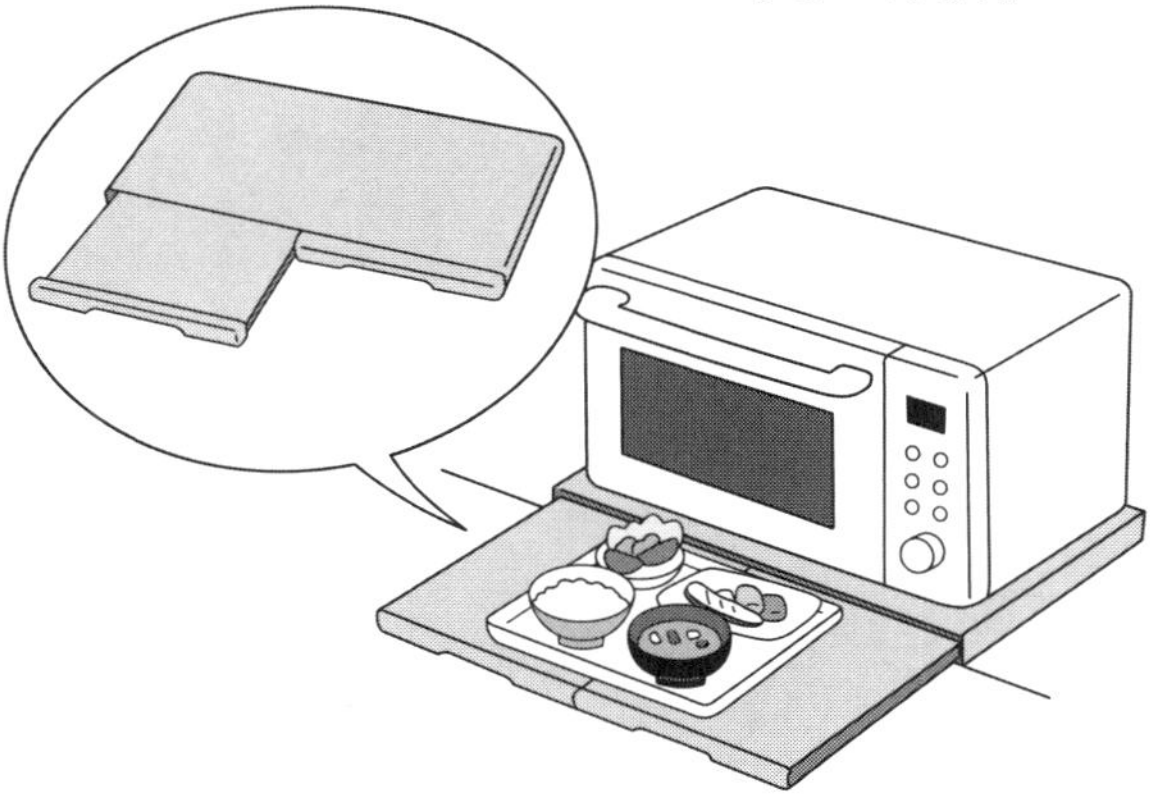

電子レンジやガスコンロの下に差し込んで使う「レンジテーブル」。私も社宅に住んでいたときは調理台が幅40cmの狭いキッチンでしたが、このレンジテーブルにずいぶん助けられました。

よく使う2割の食器をとことん使いやすくしましょう

一般に、毎日のように使う食器は、持っているうちの2割程度といわれています。使う頻度が年数回程度のものは、棚にある程度ギュッと詰め込んでもかまいません。

その代わり、よく使う2割は、ゆとりをもって収納し、とことん出し入れしやすくしましょう。

食器棚のポイントは、棚板の高さ。大皿やオーバル皿など奥行きがある食器は、棚板と棚板の幅を狭くして1列で収納します。

それよりも小さいお皿は、奥と手前の2列で収納。そのため奥まで手が届いて出し入れしやすくなるよう、棚板の幅を広くします。

手前は重ねる高さを低く、奥が高いとより取り出しやすくなります。

食器の引き出しは手前からよく使うものを収納します

食器棚の引き出しは、取り皿や小皿など、よく使うものを手前に収納。引き出しを少し開けただけで取り出せるようにします。

引き出しに食器を収納するときは、引き出しの開閉によって食器が動いて割れてしまうことがあるので、透明のすべり止めシートを敷くことをおすすめします。

すべりどめシートの下には、食器を上から撮った写真を切り抜いて（イラストでもいいですよ）挟んでおくというアイデアも。

家族が食器をどこにしまうかわからずに適当なところに置いてしまうと、次に使うときに探すのが大変。写真に合わせて置けばいいので、もとの位置に戻しやすくなります。

棚板の高さを確保すれば、奥のお皿に手が届きます。

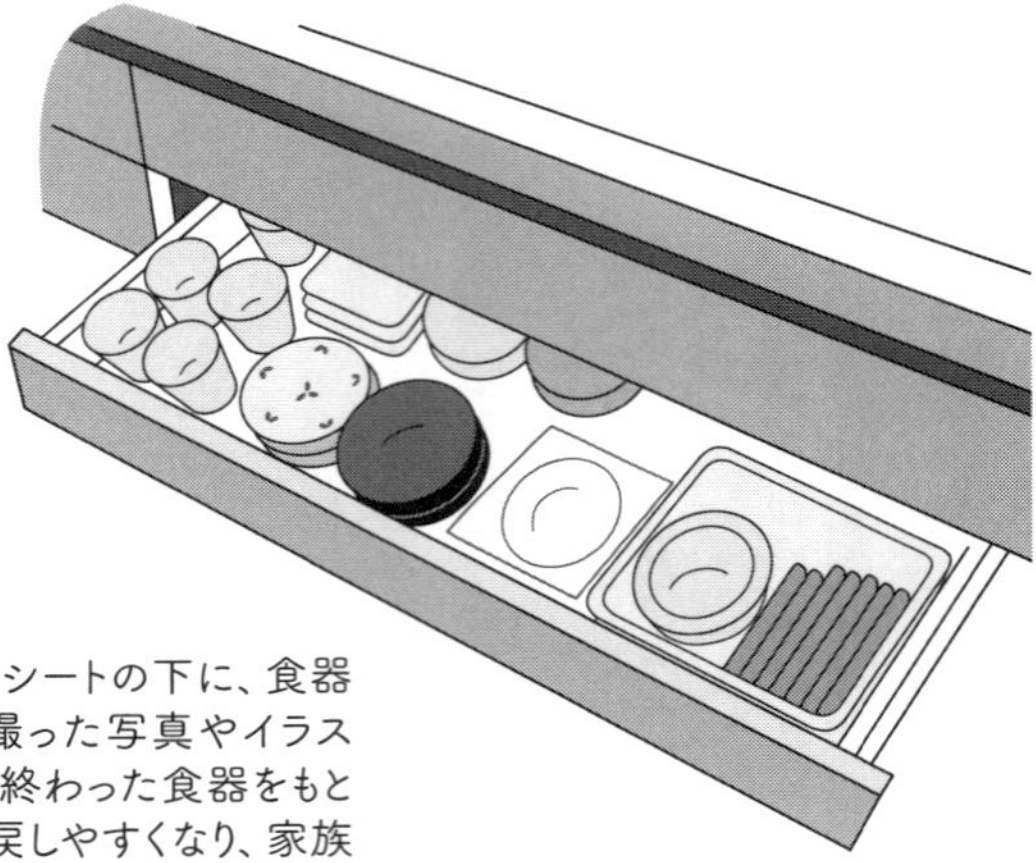

すべりどめシートの下に、食器を上から撮った写真やイラストを。使い終わった食器をもとの位置に戻しやすくなり、家族と家事をシェアできます。

鍋やフライパンなど、調理道具を選抜しましょう

調理道具は、自分の使い勝手や好みに合わせて少数精鋭。そのほうが収納も、管理もしやすく、料理もより手早くできるようになります。

私の場合、鍋やフライパンは軽いもの、コンパクトなものを選んでいます。鍋は大小ひとつずつ、フライパンも大小ひとつずつ、これらで1日2～3回料理しています。不便を感じたことはありません。重い鍋は疲れてしまうので、若い方に譲りました。

キッチンツールは汚れを広げないものを厳選。たとえばお玉やフライ返しは、調理台に置いても★先端がつかないように設計されているタイプ。トングもカーブがついていて、★置いても先端が浮いているタイプです。

菜箸は長くて出し入れしづらく、片方が迷子になったり、調理台で転がったりするので使っていません。

鍋は立てて収納すると、かがまずに出し入れできます

コンロ下の引き出しに、鍋やフライパンを積み重ねて置いてしまっていませんか？

重ねていると、下の鍋を取りたいときに「ヨイショ」とかがんで、上に重なっている鍋を持ち上げて取り出す……という手間がかかってしまいます。

鍋や鍋ブタ、フライパンは、事務用のファイルボックスや市販のフライパンラックを活用して、立てて収納しましょう。引き出しを開いたときに、上から見てパッとわかりやすく、かがまずに出し入れできるようになります。

取っ手の取れるフライパンや鍋なら、ファイルボックスは縦ではなく横に並べるのがおすすめ。フライパンや鍋など、よく使うものを手前から順に置いていくと、引き出しを少し開けるだけで取り出せるようになります。

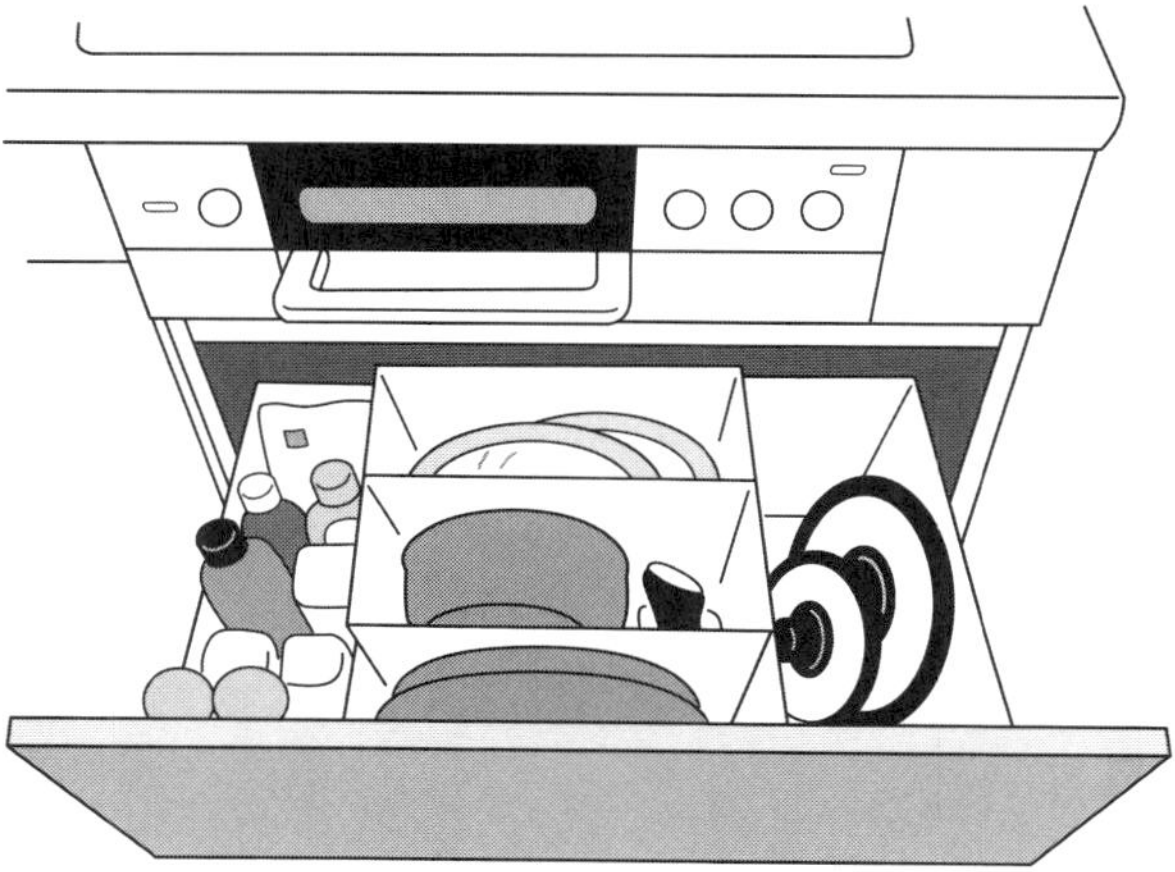

取っ手のあるフライパンや鍋はファイルボックスを縦に、
取っ手が取れるタイプは横に並べると取り出しやすいです。

大きいまな板1枚より、小さいまな板2枚がおすすめです

もともとは大きく厚いまな板を使っていましたが、洗うのが大変でした。野菜用と肉魚用との使い分けにも不便さを感じていました。

そこで、小さく薄いまな板の2枚使いにチェンジ。大きさは3分の2ほどの中くらいのものと、2分の1サイズのものを使っています。

これで料理していてもまったく不便さは感じません。軽いので収納しやすく、切った食材を鍋に入れるときも、まな板からこぼさずに入れられます。

2枚使いにすることで、野菜と肉魚とを使い分けられますし、コンパクトなので、お皿感覚で食洗機にかけられるので便利です。

リーズナブルで汚れたら買い替えもしやすく、常に清潔。いいこと尽くめです。

炊飯器は3合炊きにダウンサイジングしませんか

シニアのご家庭では、大きな炊飯器は必要がないケースが多々あります。買い替えのタイミングでダウンサイジングを検討してみてはいかがでしょうか？小さいほうが釜が軽くて、お米を研ぐのも洗うのも扱いがグッとラク。ストレスなく炊飯できます。

茶碗・お椀・箸は、どれが誰のと決めない「食堂形式」を導入

家族それぞれが違う茶碗、お椀、箸を使っていると、誰がどれだっけ？　この箸のペアはどれだっけ?と、そろえる時間が、ちょっとしたストレスです。どれでも誰でも使えるように、箸もどれを取ってもペアになるように、すべて同じ種類で統一。「食堂形式」にしてしまいましょう。

あらかじめ、カトラリーセットをつくっておきます

「さあ、いただきましょう」というときに、「あっ、今日はお箸だけでなくスプーンもあったほうがいいね」などと、カトラリーをその都度取りに、キッチンとダイニングを行ったり来たり……。

あらかじめ、カトラリーケースにお箸、スプーン、フォークなどを多めに入れて用意しておきましょう。家族も「これを食卓に出せばいい」とわかるので、自発的に持っていってくれます。

来客用の食器は、処分するか日常使いにしてしまいましょう

箱に入れてしまい込んでしまいがちな来客用の食器。使う機会が少ないのなら、思い切って箱から出して、日常使いにしてしまいましょう。お茶の時間も

優雅な気分にひたれます。
日常で使いにくい食器ならば、リサイクルに出すなど手放すことも検討しましょう。

ラップは使わないで、あるもので工夫します

食用ラップのごみは、どうしても毎日たくさん出てしまいますが、私はあるもので代用しています。

たとえば、「朝ごはんの残りを夜まで保存する」といった短時間の保存なら、皿をひっくり返したものを乗せて保存。翌日以降まで保存する場合は、プラスチック製のフタを使っています。シリコン製の柔らかいタイプのフタも販売されていますが、私は洗ったりしまったりするときに使い勝手がいい硬いプラスチック製のほうを愛用しています。これはお好みで選ぶといいでしょう。

冷蔵庫にはマジックペンを常備。賞味期限とストック管理のストレスを手放せます

ほとんどの食品に賞味・消費期限が記されていますが、納豆や豆腐などは、わかりにくい場所に小さく書いてあるので、うっかり期限がすぎてしまうことも……。そこで、冷蔵庫にマジックペンを常備。冷蔵庫を開けたときにパッと目に入る正面に、大きく日付を書いておくようにしましょう。卵など複数個入っているものは、いちばん奥のひとつに賞味期限を大きく書いて、手前から使っていくと管理しやすくなります。

ボトル調味料はストックを2つ3つと持っていると、あっという間に棚がいっぱいになってしまうので、下から3分の1のところに、ぐるっとラインを引いておきます。「そのラインまで使ったら追加する」と決めておくと、在庫量は最大でも1本プラス3分の1。しっかり管理できます。

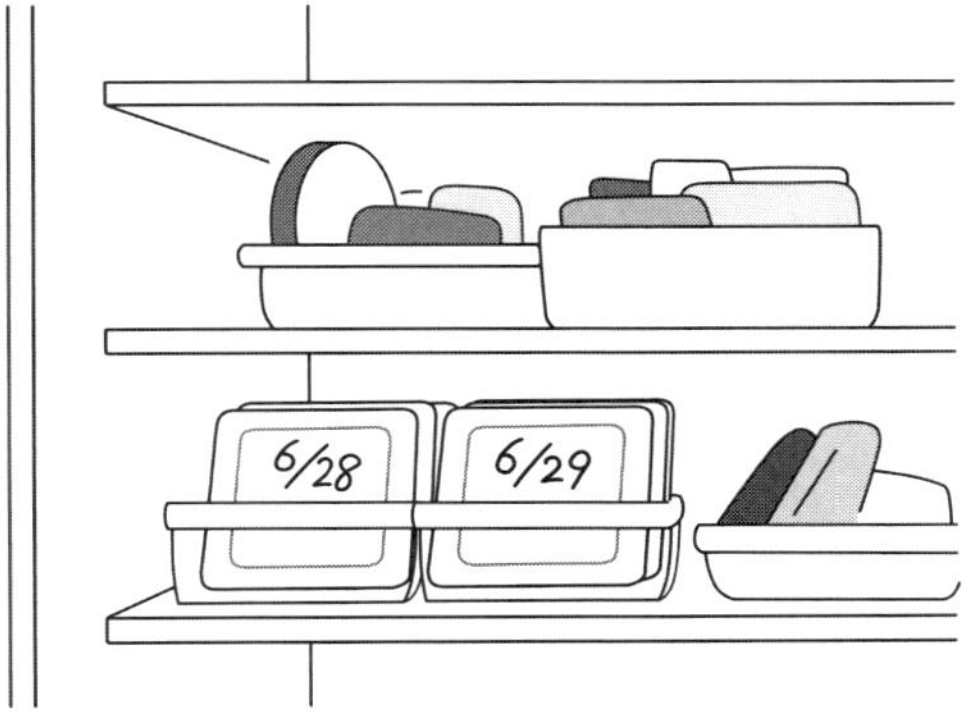

各食品に賞味・消費期限をマジックで大きく書いておけば、冷蔵庫を開けたときに、パッと目に入るので、どれから食べたらいいのかひと目でわかります。

調味料などは、容器の1/3にラインを。

冷蔵庫に、朝食セット、粉物セットなどがあると便利です

背を伸ばさないと見えない冷蔵庫の上部、のぞきこんで手をのばさないと取れない奥のほうは、冷蔵庫の中でも使いづらいところ。ここをうまく活用するには、奥行きのあるトレーやケースを使います。

たとえば梅干し、佃煮、ふりかけ、のりといった朝食で使うものは「朝食セット」としてまとめてケースに入れます。朝忙しいときはトレーごと出して食卓に置くことができて便利です。

天ぷら粉、お好み焼き粉などは「粉物セット」。腸活にハマっているなら、毎日とりたい納豆やキムチなどの「発酵食品セット」をつくってもいいですね。

冷蔵庫に食品を関連性なくバラバラに入れてしまうと探すのが難しくなります。単品で考えず、関連する複数の食品をまとめることがポイントです。

洋朝食セット、和朝食セット、みそ汁セット、お菓子セット、粉物セットなど、生活スタイルに合わせたセットをつくっておくと便利です。

冷蔵庫の棚は、下から早く使うもの順に収納します

使わなきゃと思っていたのに、いつの間にか冷蔵庫の奥のほうにいってしまって、気づいたときには賞味期限切れ……。よくあることです。

たとえば冷蔵室が4段ある場合、賞味期限ごとに分けると、食品の管理がしやすくなります。

目につきやすいいちばん下は、毎日チェックするワンデイコーナー。残り物や洗った葉野菜などすぐに消費したほうがいいものです。

その上(下から2段目)は、週単位で管理するもの。つくりおきのおかず、納豆、豆腐といった食品がここです。

見えにくい上2段は、賞味期限が長いものを入れます。たとえば、前述した粉物セットや飲料などです。

いちばん下の段は毎日使うもの、その上が1週間単位で使うもの、上の2段に長期で使うものを入れます。
上段に手が届きづらいなら、棚板の位置を下げると、グッと使いやすくなります。

料理するたびに栄養バランスを考えるのは、もうやめましょう

年を重ねるにつれ、よりいっそう栄養バランスが気になります。とはいえ、料理するときに細かくバランスを気にしていると、献立に悩んでしまいます。

そこで私は、栄養バランスを考えるのは買い物のときと決めています。

たとえば3日分まとめ買いをするなら、肉、魚、葉野菜、根菜、豆類、海藻、果物をバランスよく選び、3日でそれらの食材を消費すれば、3日の枠の中では栄養バランスがとれていると考えます。

スーパーでバランスを考えるのが難しければ、ネットスーパーがおすすめ。何をどれくらい買ったか、買い物カゴの中が視覚的にわかりやすく、追加や入れ替えも簡単。合計金額も会計前に出るので家計管理にもぴったりです。

よくつくるメインのおかずの副菜を固定してしまえば、献立に迷いません

麻婆豆腐のときは中華スープと根菜サラダ、鍋料理のときはにんじんとわかめのナムルなど、メニューを1品1品ではなく、メインと副菜、セットで固定させてしまいましょう。

こうしたパターンがあるだけで、献立を考えるときに迷ったり悩んだりする時間がグッと減ります。迷う時間は極力短縮して、料理をする時間、食べる時間を楽しみたいですね。

「これを食べればバランスが取れる！」1品で華やかな料理をレパートリーに

疲れたときは無理をせず、ひと皿でたんぱく質、野菜、炭水化物がとれる料理をつくりましょう。簡単だけど1品でも寂しく感じない、食べたら元気が出るレシピのストックがあるといいですね。

私はお雑煮をつくるようにしています。野菜や鶏肉を煮てお餅を入れるだけですが、栄養バランスがよく、見た目も華やかで気持ちから元気になります。

野菜の皮をむかずに食べれば、手間は減って栄養価はアップします

習慣で野菜の皮をむいていませんか。にんじん、大根、かぶ、れんこん……

皮をむかなくてもおいしく食べられる野菜が意外とあるんです。皮をむく手間が省けるうえにごみも減り、しかも栄養価もアップするのでおトクですよ。

減塩に栄養アップも。お惣菜のかさ増しは、いいことだらけ

毎日手料理ばかりでなく、できあいのお惣菜やミールキットなどを、うまく活用するといいと思います。

もしコストが気になるなら、買ってきてそのままではなく、何かをプラスして「かさ増し」しましょう。

ボリュームアップできるだけでなく、減塩にもつながり一石二鳥です。

栄養士さんによると「和のお惣菜ならきのこ、洋のお惣菜なら卵が合わせやすい」そうです。ゆで野菜を混ぜるのもおすすめです。

疲れた日の料理は「放置」「洗い物なし」のメニューで

今日は疲れてもう動きたくない……そんなときは、「放置」＆「洗い物なし」のメニューで無理をせずに休息を取るようにしましょう。

たとえば、ホイル焼き。魚や肉、野菜などの具材に塩こしょうをしてバターをのせ、ホイルに包んで、トースターで15～20分ほど加熱するだけ。

あるいは、クッキングシートで具材を包み、両端をねじって閉じてレンジ蒸しもいいですね。

火を使って調理するのと違って、トースターやレンジなら、キッチンから離れて休憩することができます。フライパンなどの調理器具は汚れませんし、ホイルやペーパーごとお皿にのせるので、食後は水でザッと流すくらいで大丈夫。

疲れているときに助かるこうしたレシピを、いくつか覚えておきましょう。

ガラスの保存容器で、調理も盛りつけも。さらに、そのまま保存もできます

洗い物を減らすために、レンジが使えて冷蔵もできる★フタつきのガラスの保存容器を活用してみませんか。

調理から保存までひとつでＯＫ。たとえば、鶏肉を容器に入れて、しょうゆと砂糖を加え、フタをのせてレンジでチン。そのまま食卓に出して、残ったら冷蔵庫で保存できます。

テーブルに置いたときに、プラスチック製よりもおしゃれ感が出ますし、お皿＋ラップだと冷蔵庫の中で重ねづらいのですが、フタつきのガラス容器なら重ねることもできます。もやしを入れて加熱して、ごま油、塩、鶏がらスープの素で味つけすれば、ごはんのおかずに。じゃがいもをチンしてつぶせばポテトサラダに。レンジでできるレシピなら何でもできます。

常備しておくと便利な「お助けレンチンおかず」

私の運営するコミュニティで人気のお手軽常備菜。ひとつは「鶏のささみをレンジにかけてさいた蒸し鶏」、もうひとつが「ザク切りにして、レンジでチンしたキャベツ」、そして「レンチンきのこミックス」です。

蒸し鶏はサラダやナムルなどに追加すると、メインのようにボリュームを出すことができます。キャベツは塩とごま油をかけたり、みそマヨネーズで和えたりと、幅広くアレンジしやすいので飽きがこない。そしてきのこはヘルシーで、お腹まわりが気になる世代にもうれしいひと品です。

冷蔵庫にあると心強いと思いますので、「あと一品」がほしくなることが多いという方は試してみてください。

常備しておくと便利な「お守り食材」

食卓に料理を並べたときに、「なんだか物足りない、食卓が寂しい……」となってしまったとき用に、追加でつくらなくてもサッと出せる「お守り食材」があると安心できます。

私の場合は「温泉卵」「はんぺん」「カマンベールチーズ」。

そのまま出してもいいですし、温泉卵はみそ汁やサラダにのせると割ったときにトロリとした黄身が見えて少し豪華な気持ちになります。フワフワのはんぺんを酢の物や汁物に追加すれば、やさしい食感に癒されます。カマンベールチーズはレンジでチンしてトロリとさせ、野菜を添えればチーズフォンデュ風になりますよ。

食卓に調味料を出して、味つけは各自に任せましょう

若いときは家族みんなで同じ味を食べていましたが、60歳をすぎたら各自、味つけはお任せ。食卓に塩、こしょう、しょうゆ、ソース、酢などを出して各自で味つけして食べれば、和食が好きならしょうゆ、洋風ならソース、健康が気になるなら酢を使うなど加減ができます。

60歳からはそれぞれが体調と好みに合わせた味つけで食べましょう。

材料は同じでも、調味料を変えるだけで献立にバリエーションが

献立を考えて、それに合う材料を買ってくる……。毎日の料理は大変です。同じ食材でバリエーションを出すよう工夫すれば、食材を選んで買ってくる時間を短縮できます。

たとえば、豚肉＋玉ねぎ。しょうゆベースならしょうが焼き、ケチャップベースならポークチャップ、焼肉のタレならスタミナ焼き。

一部を変更するだけでまったく違う雰囲気の料理にできます。

豚ひき肉＋なすなら、しょうゆ炒め、ミートソースグラタン、麻婆なすといった料理ができますよね。

自家製の鍋キットで手軽に栄養バランスよく

手軽でおいしい鍋料理。味つけはいろいろありますが、入れる材料は、肉・魚、白菜、ねぎ、にんじん、きのこと、だいたい決まっていますよね。

それなら鍋の材料をいつもの倍量カット。使わない分は次回の鍋の具材として保存袋に入れて「鍋セット」をつくり、冷凍しておきましょう。

疲れている日は市販の鍋の素を買ってきて、その鍋セットを煮るだけです。

こうした自家製ミールキットを作っておくと、栄養バランスもバッチリです！

疲れた日はお惣菜。みそ汁とごはんだけ手づくりすればOKです

疲れている日に無理をして料理をするのはもうやめましょう。60歳からは何事も無理をしないことを基本に。

でもお惣菜だとなんとなく味気ない、寂しく感じてしまう。そんなときは半分だけ手づくりしましょう。

「みそ汁とごはんだけつくればいい」と思えば気もラクになりますし、炊きたてごはんと温かいみそ汁があるだけでも、ホッとする豊かな食事になりますよ。

残り物もカフェ風に盛りつけると楽しい食卓になります

冷蔵庫に中途半端な量の残り物がたまってきてしまったら、カフェ風に盛り

つけて食卓に。

ワンプレートにごはんをのせて、そのまわりに残ったおかずをちょっとずつ盛りつけていきます。量が少なくて家族それぞれ中身が違ったとしても、この方法ならあまり気になりません。

残り物が、カフェ飯に大変身です。

3つのしきりのあるワンプレートは栄養バランスが確認しやすいです

年齢を重ねると食が細くなり、栄養バランスが崩れがち。しきりのあるワンプレートは、栄養バランスの簡単なチェックに役立ちます。3つの仕切りがあれば「主食・主菜・副菜」、栄養素でいえば「炭水化物・たんぱく質・ビタミンとミネラル」のバランスがとれているかの目安になります。

「泡水ボウル」を取り入れると食器洗いが格段にラクになります

スポンジに直接、洗剤をつけて洗っていると、どうしても途中で泡切れしてしまいますね。

その都度、洗剤を足すのではなく、大きめのボウルに食器用洗剤をワンプッシュして、水を勢いよく注ぎます。アワアワの泡水ボウルができるので、そこにスポンジをつけて洗うと泡切れせずに、家族分しっかり洗うことができます。洗ったあとは、その泡水をシンクに流せば、シンク内の掃除もついでにできます。あらかじめ薄めてあるので、手荒れがしづらいのもメリットです。

スポンジは硬い面と柔らかい面がありますが、メーカーによれば、柔らかい面は洗剤を泡立てるためのもので、洗うのは硬い面を使うのがいいそうです（研磨剤入りのスポンジは除く）。

まずボウルに洗剤を入れてから、勢いよく水を注ぐと、アワアワになります。

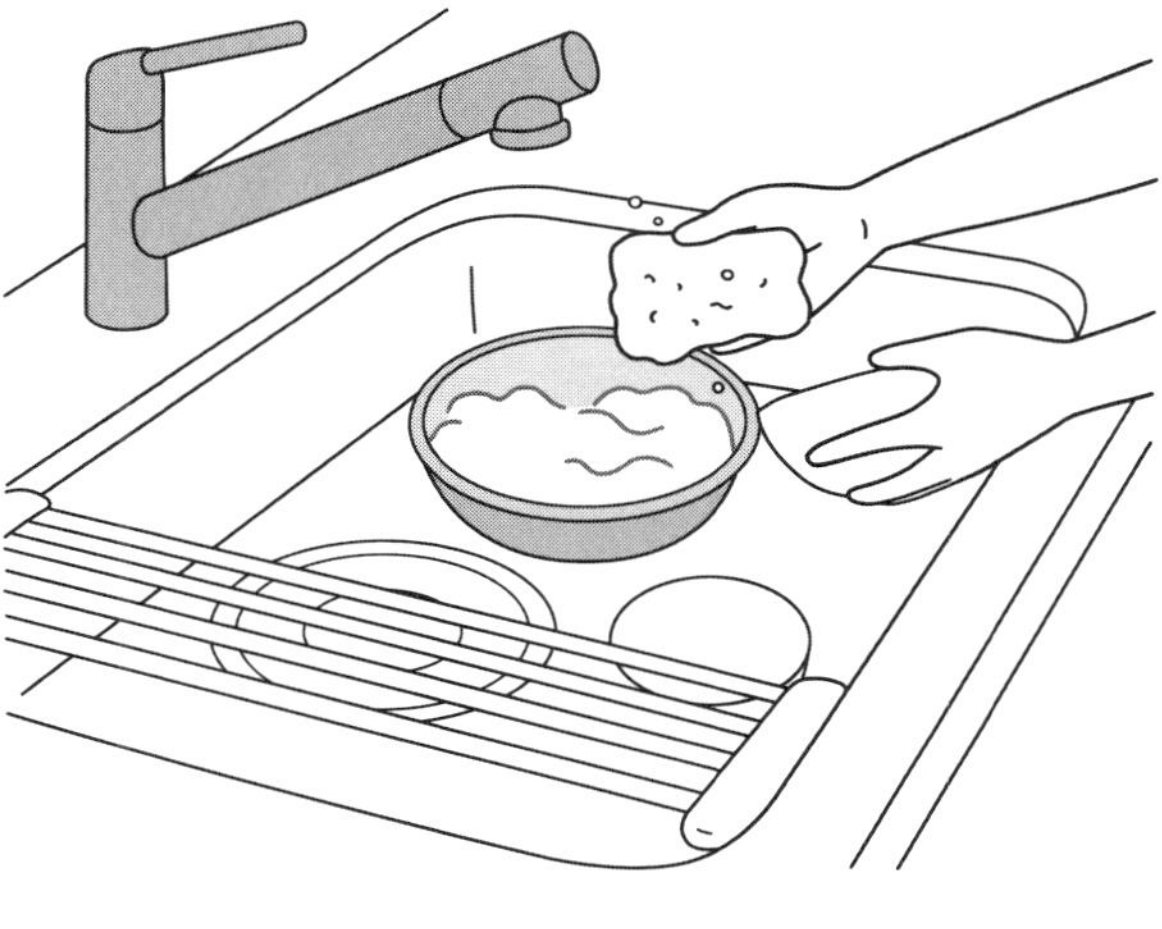

油を使っていない調理器具は洗剤を使う必要はありません

調理器具や食器は、必ず洗剤で洗わないといけない、という思い込みは捨てましょう。油を使っていない調理器具は、洗剤を使わなくても水で流すだけで十分にきれいになります。

野菜を洗ったボウルやザルなどは、料理中にザッと水洗いしておけば、食事が終わったころにはすっかり乾いてすぐに片づけられます。

水がたまらない食器を使うだけで、食器洗いのストレスは激減します

食器を洗ったあと、乾いたなと思ったら……糸底に水がたまっていた……。

小さなことですが、毎日のことなのでストレスですよね。

買い替えのタイミングで、★糸底に切れ目があったり、凹みがない容器を選ぶと、水切れがよく、ストレスがぐんと減ります。

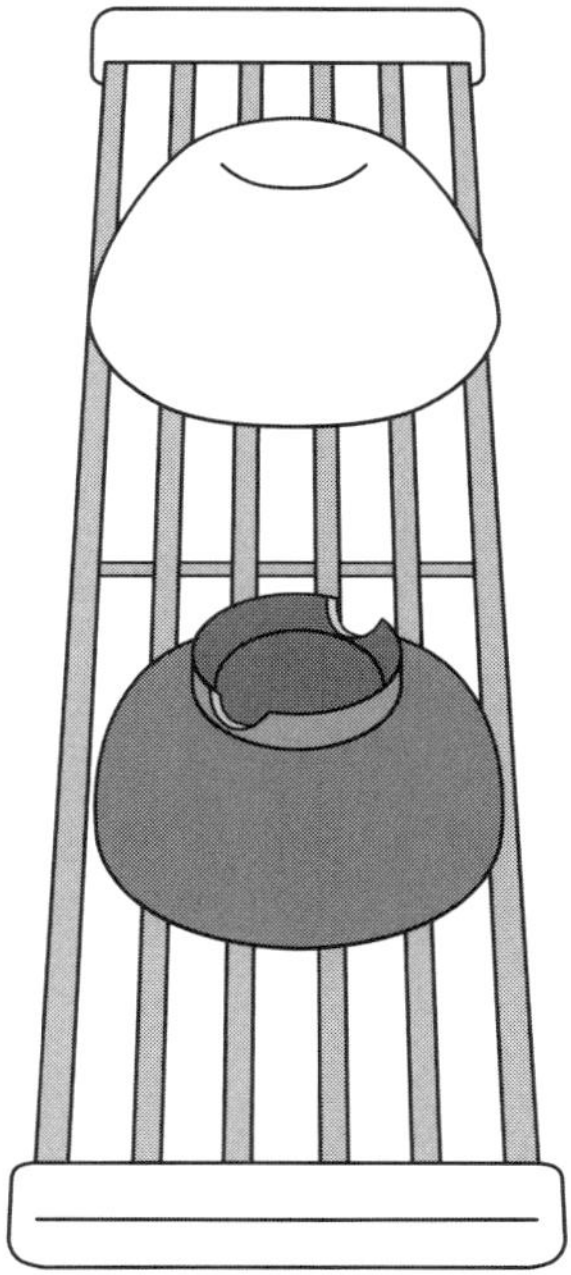

糸底に切れ目があるお椀と、
水がたまりづらい茶碗。

キッチンツールは1軍を出しておきましょう

60歳からは、キッチンツールはしまい込まず、ツールスタンドに立ててコンロの近くに置きます。ワンアクションで取り出せてラクですし、洗ったあとに多少ぬれていても自然乾燥しやすいので、すぐに片づけられ、キッチンに立っている時間を短縮できるからです。

ただその反面、表に出している状態なので乱雑に見えやすく、また、コンロまわりは油が飛ぶ場所なので汚れがたまりやすいのが難点です。

それを解決するには、毎日のように使う「1軍ツール」だけを出しておくようにします。毎日使うものであれば、使うつど洗うので汚れがたまるのを防げます。

デザインやカラーがバラバラだとゴチャゴチャして見えますが、色をそろえたりデザインに統一感を出せば、見た目もスッキリです。

プラごみは半分に切って出しています

お惣菜は便利ですが、利用率が高いとプラスチックごみの量が飛躍的に増えます。場所をとりがちな食品トレーはそのままごみ袋に入れると、かさばってごみ出しの量が増えたり手間がかかります。

トレーはハサミで「半分に切る」ようにしましょう。それだけで格段に重ねやすくなり、無駄な隙間が減らせ、ごみ袋に入る量を増やせます。

半分にカットするためのハサミをプラごみ置き場の近くに置けば、捨てるついでに切ることができるので面倒に感じません。

同じようにかさばりがちなのが、凹凸の多い卵のパックです。こちらは雑巾を絞る要領でぎゅっとひねると、かさが5分の1ほどになります。

スリッパを履いている方は踏みつぶしてぺちゃんこにしてもOKです。

パスタはたくさんのお湯でゆでる…をやめてみましょう

パスタはたっぷりのお湯でゆでる――が常識となっていますが、少ないお湯で、問題なくゆでられます。

フライパンに水４００㎖を入れて沸騰させ、そこにパスタ１００gを半分に折って投入してフタをします。パスタがゆであがったころには、お湯がほぼなくなっているので、そこにソースを加えて混ぜ合わせます。

ふきんをやめて、洗えるキッチンペーパーにすると気がラクになります

キッチンふきんの清潔を保つには、定期的に漂白して除菌する必要がありま

す。洗える★キッチンペーパーを使えば、こうしたふきんの管理から解放されます。洗って何度も使えるので、お皿を拭いてテーブルを拭いて、最後に調理家電や床、サッシの溝などをとことん拭いたら、新しいものに交換しましょう。

使い捨てに抵抗がある方も、ここまで拭いてから捨てるなら、抵抗感が薄れるのではないでしょうか。

キッチンとダイニングテーブルの距離を近づけて配膳をラクに

ダイニングテーブルを部屋の中央に配置している家庭が多いのですが、キッチンからダイニングテーブルまでの距離が遠いと、その分、配膳や片づけが不便です。できるだけ距離を短くすることを意識してテーブルを配置しましょう。

ダイニングテーブルとキッチンが近ければ、自然と家族も料理を運んだり食器を戻したり、家事をシェアすることができます。

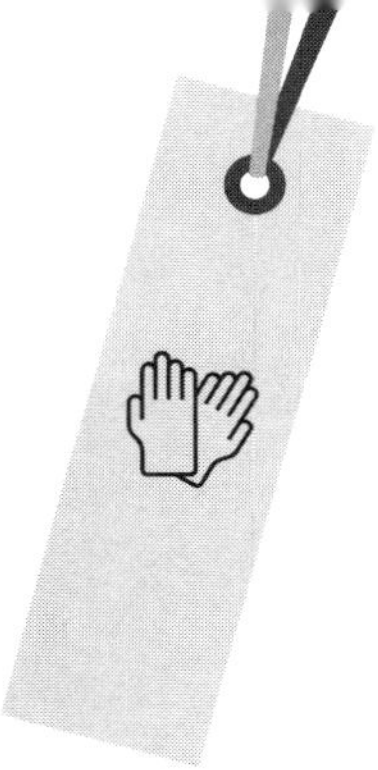

疲れない「名もなき家事」の工夫

※「名もなき家事」は、大和ハウス工業株式会社の登録商標です。

シャンプーやコンディショナーは詰め替え用のままでもいいんです

掃除や洗濯、料理といった、明確な家事と違って、郵便物を仕分けする、ごみ箱にごみ袋をセットするといった、いわゆる「名もなき家事」。ちょっとしたことですが、積み重なると疲れてしまいます。

シャンプーやボディソープの詰め替えもそんな家事のひとつ。残量をチェックして、詰め替え用を買ってきて詰め替えて……。★詰め替えパックに直接ポンプをつけて吊り下げられる商品を利用するのはいかがでしょうか。シャンプーボトルの底はヌメリがちな部分。吊り下げるタイプならヌメリを防ぐこともできます。最後まできっちり使いきれる点もメリットです。

パックそのままが好みに合わないという方は、詰め替えパックをボトルに入れてポンプを差し込むタイプもあります。

吊り下げタイプ

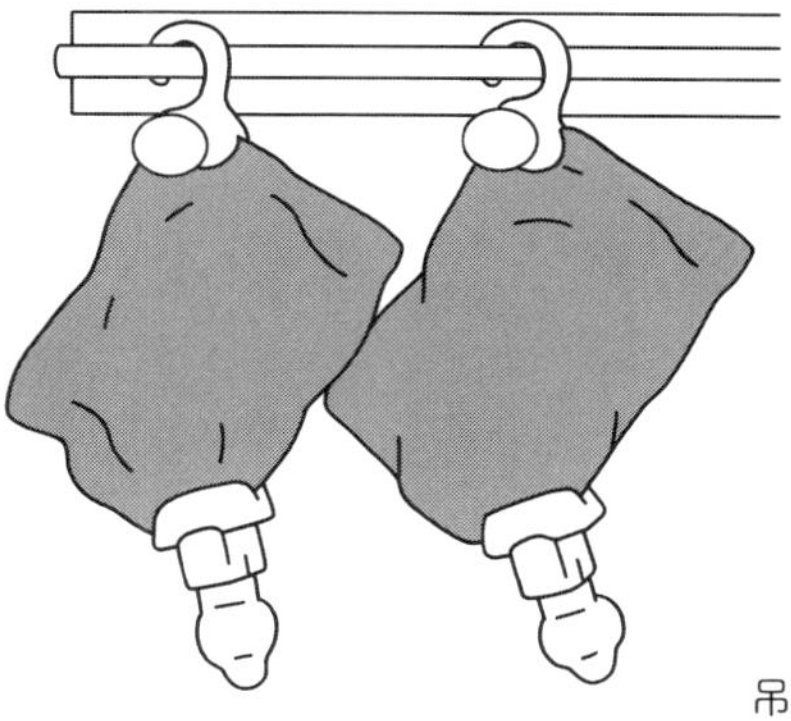

ボトルタイプ

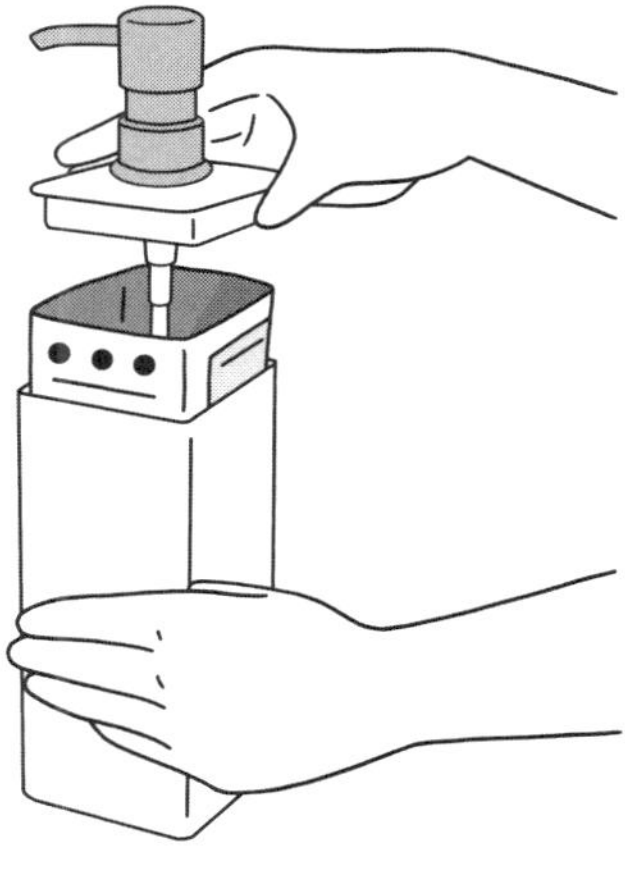

吊り下げタイプやボトルタイプは、ホームセンターや100均で手に入ります。

浴室の排水口にたまる髪の毛…さっと掃除しやすい工夫があります

浴室の排水口はフタがしてあるために、汚れがわかりにくいものです。掃除をするときにあけてみたら、たくさんの髪の毛に石けんカスなどがからまって、不快な気持ちになってしまいます。

解決策は、あえて排水口のフタをはずしておくこと。入浴中、家族それぞれが自分の髪の毛がたまっているとわかれば、自分で「掃除しなきゃ」と思うはず。

お風呂から上がって着替えてから、浴室に戻って掃除するのはおっくうになってしまうので、浴室から手が届く場所にティッシュペーパーとごみ箱を設置するのがポイントです。

排水口の位置によっては、つまずいて転びやすくなってしまうので、その場合はやめてください。

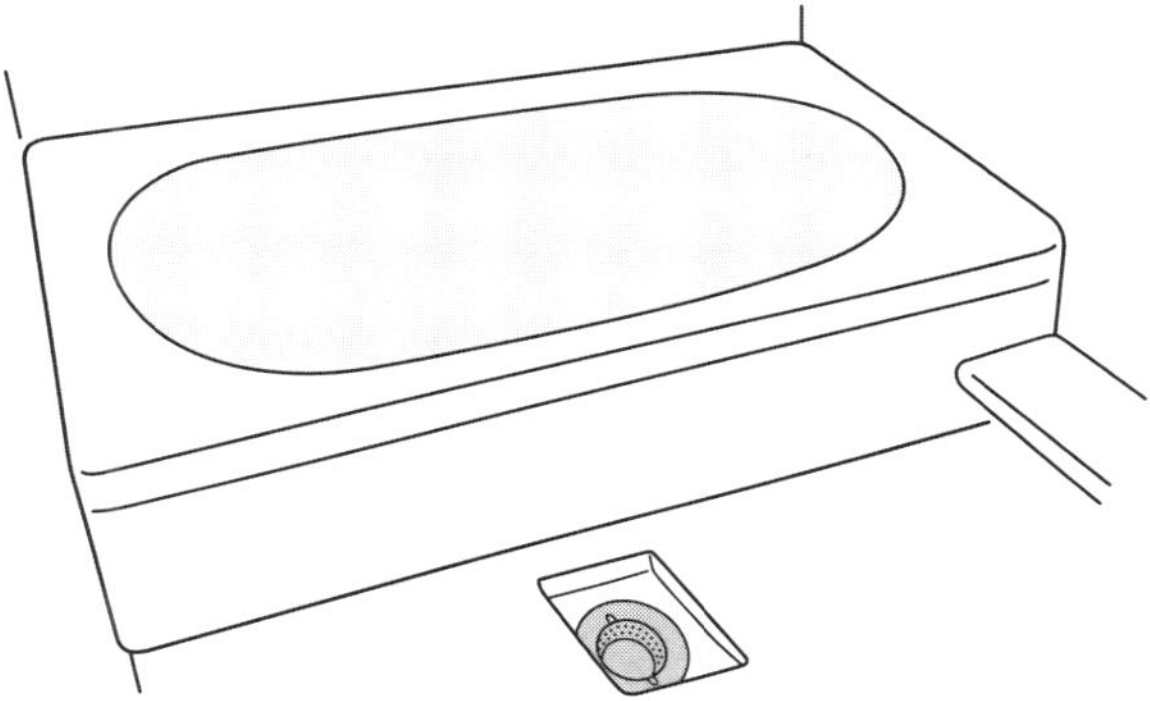

排水口のフタをあえてはずしておけば、自分の髪の毛がたまっていることに気づきます。

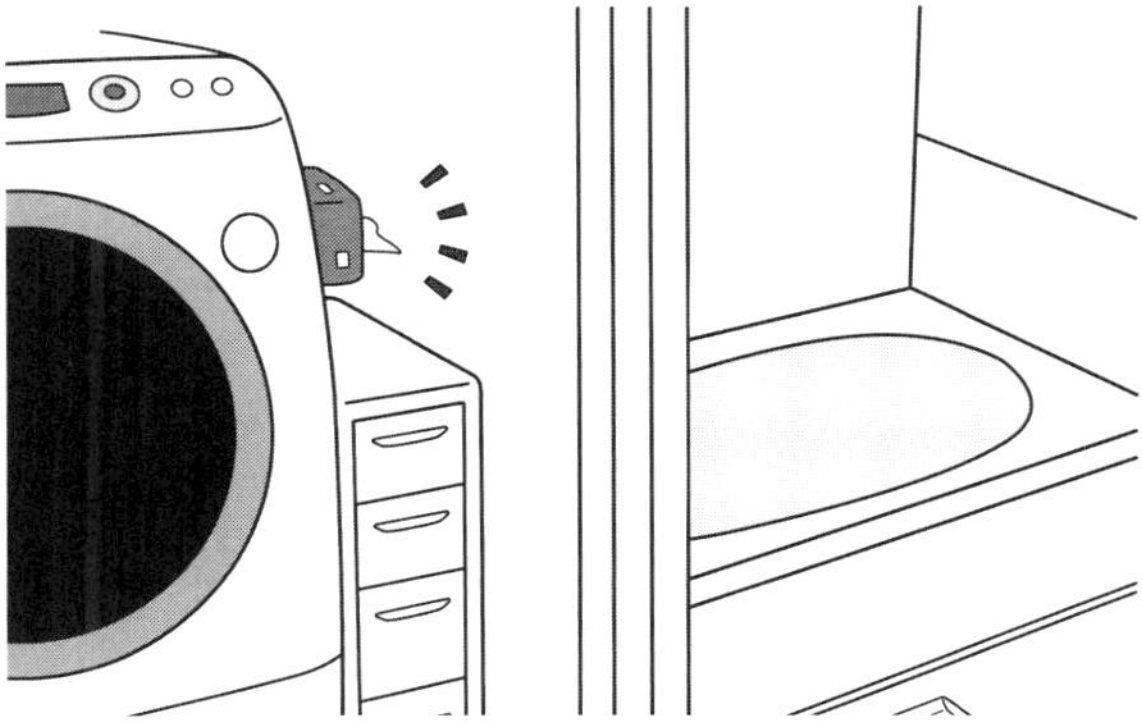

浴室から手が届く、洗濯機の側面にマグネットでティッシュを設置しています。

ごみ箱にはごみ袋をかけない、まとめて数枚かけておく、という二刀流で

ごみ箱にごみ袋をかける作業は、地味なのに意外と手間がかかる、名もなき家事の最たるもの。家中のごみ箱にごみ袋をかけると時間もかかります。

キッチンに置いているメインのごみ箱にだけごみ袋をかけ、みかんの皮や食品の包装など、水気や汚れがあるものはそこに捨てるようにします。

ほかの各部屋のごみ箱には、紙ごみ以外入れないルールにすれば、ごみ袋をかける必要はありません。水気のあるものを捨てたいときは、各人がメインのごみ箱に捨てにいくようにします。

メインのごみ箱には、ごみ袋を1枚ではなく数枚まとめてかけてしまいましょう。ごみがいっぱいになったら、その袋だけ抜き出して捨てます。

かさばるダンボールは、ダンボールポケットでまとめてしまいます

重いものの購入など、宅配便を活用するケースが増えていると思います。

そこで扱いに困るのが、ダンボールです。バラバラにならないおすすめの方法が「ダンボールポケット」。このポケットに、ほかのダンボールを差し込んでいくと、スッキリまとまります。

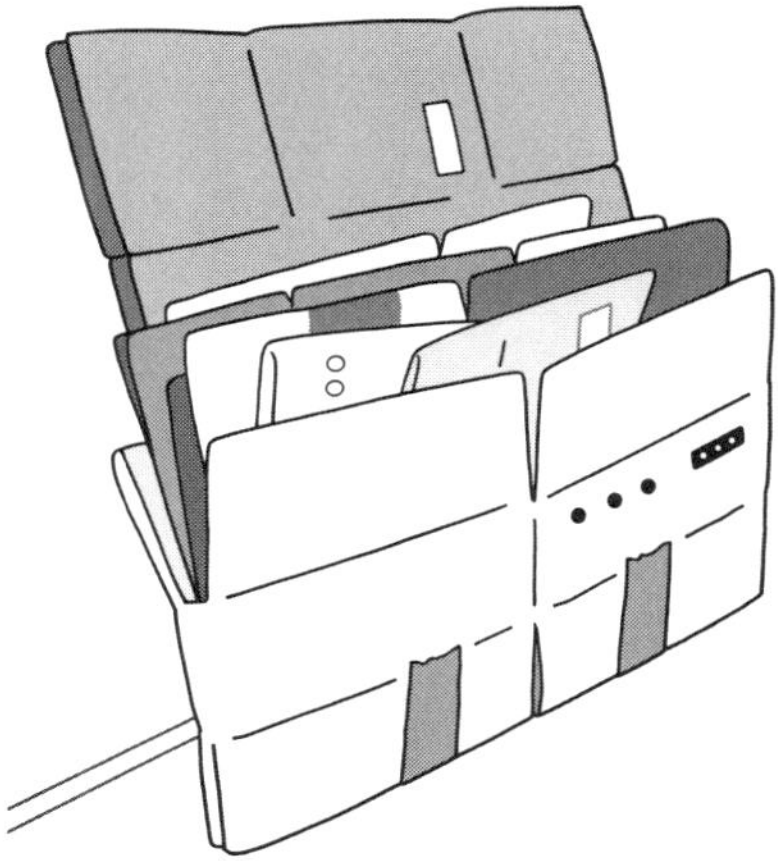

たたんだダンボール箱の底の部分を2か所ガムテープで留め、ダンボールのポケットをつくります。

ティッシなどのストック管理は、補充のシールで解決します

ティッシュペーパーのストック管理は、収納スペースの壁の残り2個になる高さの位置に「ここになったら補充」というシールを貼っておきます。ルールを決めておくことで、いつの間にかストックがなくなる、あるいはストックが多すぎる、といったことを防ぎます。

家族のモノの管理のワンオペは終わり。自分が使うモノは自分で管理してもらいます

子育ても終わった世代。そろそろ主婦／主夫がひとりで家中を管理するのは卒業しましょう。洗面所は、棚の1段を個人のエリアと決めて、それぞれで管理。シェービングクリームなどは、なくなったら本人が補充するようにします。

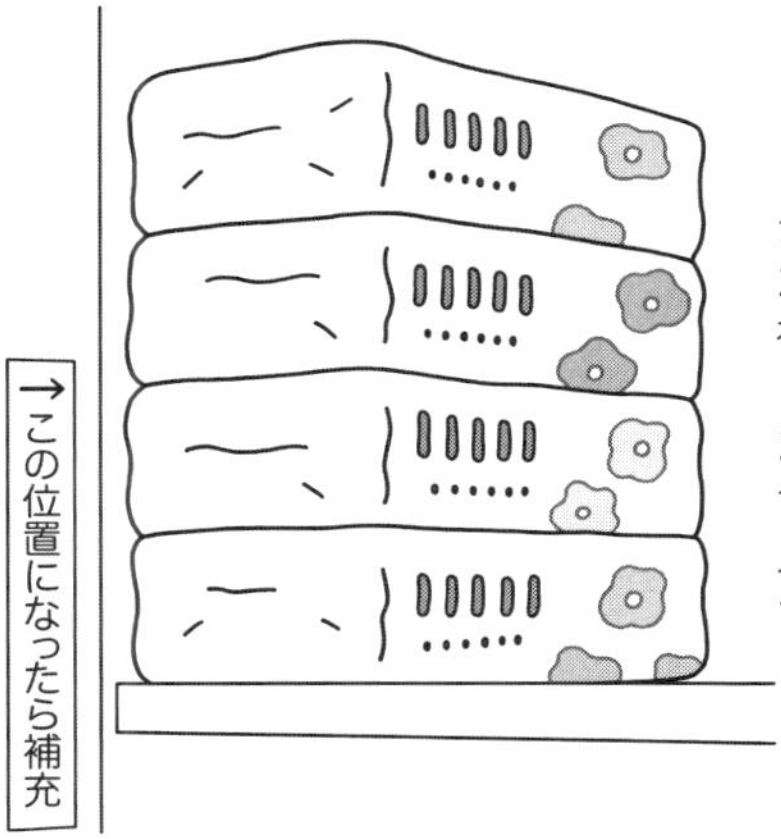

ティッシュペーパーが残り2個になる高さの位置に、補充するようシールを。トイレットペーパーも残り2個になったら補充を促すシールを貼っておきます。見える化することで、家族で意識を共有できます。

片づけが苦手な人の場所は、出し入れしやすい便利なところにしてあげると管理しやすくなります。

家事シェアのポイントは「道具の置き場所」です

あるお宅に取材でお邪魔したときに、奥さまからこんな相談を受けました。

「夫がごみ捨てをしたあと、ごみ箱に新しいごみ袋をかけてくれないんです」

ちょっとしたことではありますが、家事は日々続いていくものですから、その小さなストレスが積み重なると大きな負担になります。

「ちなみにごみ袋はどこに置いているんですか?」

私が尋ねると、奥さまはごみ箱をどかし、後ろの収納扉を開けて紙袋の中から取り出しました。ごみ袋1枚を取り出すのに、ずいぶん手間がかかります。

そこでまず、ごみ袋の置き場所を変えてもらいました。具体的には、ごみ箱の側面にタオルバーを取りつけ、そこに新しいごみ袋を掛けてもらいました。

これにより、交換時には新しいごみ袋が目に入りますし、すぐに取り出せてかけるのもラクになります。その結果、「夫が高い頻度でごみ袋をかけるようになった」と報告してくれました。

この小さな工夫で、夫ができる家事がひとつ増え、妻の負担がひとつ減りました。

家事シェアが進まない理由のひとつに、「道具がどこにあるかわからない」という問題があるように思います。ふだん家事を担当している人から見ると当たり前のように思うことでも、慣れない人からするとわかりにくい。だから面倒でやらない、もしくは、やらなければならないことに気づくことすらできないのです。

たとえば、洗濯をしてもらうなら、洗剤の数を絞り、すぐ目に入る正面に置いておく。ごみ出しを担当してもらうなら、ごみ出しカレンダーやごみの分類表を縮小コピーしてごみ箱のフタに貼っておいてもいいですね。

ふだん家事をしていない人に家事をしてもらうには、いかに簡単に、わかりやすくするかがポイントです。まずは、道具の置き場所を見直してみることで、家事シェアのハードルを下げて行きましょう。

細長いと洗いにくくて面倒に…麦茶ポットは寸胴タイプにしましょう

細長い麦茶ポットは、底に手が届きづらくて洗いにくいものです。高さのない寸胴タイプなら、小鍋感覚で洗いやすくなります。

ただし、高さがない分、一度につくれる量は少なめ。そこで濃いめにつくって、飲むときに氷を入れたり、浄水機の水を足したりして調節します。

家事の24時間営業はやめて、夜寝る前は紙コップで使い捨てに

「24時間家事を受けつけます」というスタンスをやめて、夜7〜8時になったら店じまい。それ以降は「お客さんのセルフ」と考え、家事を発生させないようにしましょう。夜、飲み物のグラスを使うなら、自分で洗うか紙コップを使ってもらいます。

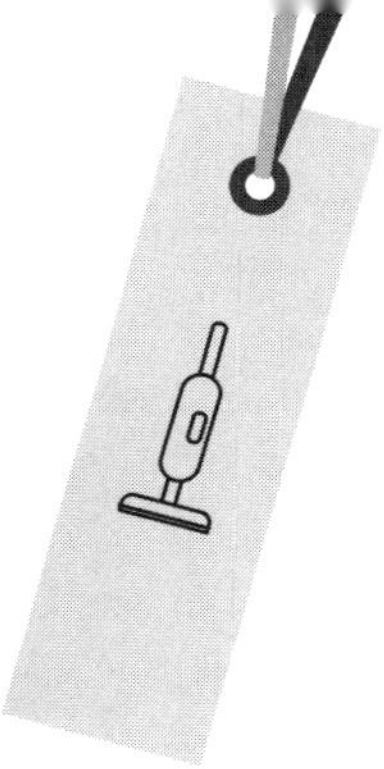

便利なサービスや家電も味方につける

「家事代行」を気軽にお願いしてみましょう

近年は家事をラクにする便利なサービスがたくさんあります。それらをうまく利用しましょう。かつてはお金がかかるイメージがあった家事代行も、今はかなりお手頃。ホームページから連絡先を入力するだけで、気軽に依頼することができます。体調が悪いとき、来客があるときに風呂掃除だけ、片づけだけと単発でお願いすることも可能です。単発ならハードルが低く、お試しするのにちょうどいいですね。

家事代行の掃除は家にある掃除道具を使います。エアコン掃除、換気扇掃除など特別な掃除道具を使わなければならない場合は、家事代行ではなくハウスクリーニング専門会社に頼みましょう。

家事代行の料金は時間単位。そのため依頼する際に、絶対にやってほしいこと、時間が余ったらやってほしいことを書き出しておくことがポイントです。

口頭で伝えるよりも書いたほうがわかりやすく、時間とお金を有効活用できます。また、料理代行を頼むときは、調理道具がどこにあるか整理されているとわかりやすく、時間の無駄がありません。

「調理家電」「キッチン家電」は便利でヘルシーです

塩分や糖質、脂質などが気になる世代におすすめなのが電気圧力鍋。煮物やシチューなど火加減を気にすることなく短時間で調理できますし、無水調理や低温調理などもできて、食材のうまみをギュッと濃縮。味つけ控えめでもおいしいので、自然と減塩できます。

2段オーブンレンジも人気です。上段で焼き物や揚げ物、下段で煮物や汁物ができるなど高機能。オーブン調理は油を使わずにできるのでヘルシーですね。ほかに食材管理に便利なカメラつき冷蔵庫など、家電はどんどん進化していきます。最新情報をチェックしてみてください。

進化した「お掃除ロボット」が、お手頃になりました

高価、床が散らかっていると進まない、吸引した内部のごみのメンテナンスが大変……といったデメリットが思い浮かんでしまうお掃除ロボット。今は1万円前後の機種が販売されていますし、散らかっていても避けて掃除したり、自動で紙パックにごみを排出したりと、思い浮かぶデメリットはほぼ解消されています。

ハンディモップで家具の上のホコリを落とし、そのあと、ロボット掃除機に床掃除してもらうと便利ですよ。フローリングには、1台で乾拭きと濡れ拭きができる拭き掃除ロボットも便利です。

家事に便利な「生成AI」をがんばって取り入れてみましょう

最近、「生成ＡＩ」という言葉をよく耳にするようになりました。主に仕事で使うイメージがありますが、実は家事にもとても便利に使えます。

たとえば、週末に冷蔵庫の整理をしたいときには、余っている食材の写真を撮って、生成ＡＩに献立を考えてもらうことができます。これで残り物が無駄なく片づき、冷蔵庫もスッキリします。

また、片づけのやり方がわからないときには、「引き出しがごちゃごちゃしているけど、どう整理したらいい？」「クローゼットが散らかっているから、収納アイデアを教えて」などと伝えれば、生成ＡＩがアドバイスしてくれます。

さらに、片づけをしようと思っても、なかなかやる気が起きないときは、生成ＡＩに「片づけをしたいから背中を押して」と伝えると、「さぁ、立ち上がって動き出すんだ！　今やらなきゃ、いつやるの？」といったように、グイグイと背中を押してくれます。

生成ＡＩに日頃から慣れておくと、想像以上に役に立つことがわかります。難しそうと思わず、まずは身近な家事や片づけで使ってみてください。

「食洗機」はラクなだけでなく、衛生的です

食器洗いはキッチンに立ちっぱなし。ゴシゴシこするのも力が入らず、だんだんキツくなってきますね。食洗機なら人間の手では使えない60～70度のお湯で油汚れをスッキリ落とすので衛生的。新築やリフォームの予定があれば、大容量のビルドインタイプがまとめ洗いができておすすめです。最近はプチサイズの食洗機や水道工事不要で水を注ぐだけのタンク式もあります。

年を重ねていくとだんだん機械の操作が覚えづらくなります。まだ慣れる余裕のあるうちに、苦手な家事から便利な機械を取り入れておくといいでしょう。

「ふとん乾燥機」はハイブリット型が人気です

ふとん乾燥機にはふとんの間にマットを敷いて温風で膨らませるタイプと、

ノズルを差し込むだけのタイプがあります。マット式のほうがダニの死滅効果は高いのですが、マットをたたむ手間がかかります。ノズル式は手軽に湿気を飛ばすことができ、衣類や濡れた靴を乾かす機能もついていますが、マット式に比べるとダニの死滅効果は下がります。今はこの両方のいいとこ取りしたハイブリット型が人気です。

家電が増えると部屋がゴチャゴチャしがちですが、最近はスタイリッシュなデザインの機種も増えていますよ。

「洗濯機」は乾燥機能が優れているドラム式がおすすめです

洗濯機は縦型とドラム式があり迷いますね。縦型のメリットは洗浄力が強く一度にたくさんの衣類が洗えます。ドラム式は乾燥機能が優れています。子どものいるご家庭のように泥汚れの衣類はそれほどないでしょうし、洗濯量も多くはないでしょうから、ドラム式がいいでしょう。ヒートポンプ式なら、電気代を抑えて乾燥できます。風を送ってシワを伸ばす機能がついていれば、アイロンがけも不要。乾燥フィルターのごみを毎回取らなければならない点がやや面倒ですが、自動掃除機能を搭載している機種ならそれも不要です。

玄関は「人感センサーつきライト」に変えましょう

玄関の明かりを人感センサーつきに変えれば、両手が買い物袋などでふさがっていても点灯するので便利。高いところの電球交換は危険なので、頻繁に交換しなくていいように寿命が長いＬＥＤ電球を使いましょう。

重いもの、かさばるものは「配達サービス」を利用します

ビールなどの飲料系やお米などの重いもの、トイレットペーパーなどのかさばるものは、ネットスーパーや実店舗の配達サービスを利用。また献立つきの

食材宅配サービスを利用すると献立に迷うこともなくなります。

水は買わずに「浄水器」にするという手もあります

ミネラルウォーターを買うのは重いですし、ペットボトルの処分も手間ですね。蛇口に直結する浄水器をつけてはいかがでしょう。サブスクサービスを利用すれば、定期的にフィルターが送られてきます。水道水を注ぐだけのポット型浄水器も販売されています。

「ネット定期便」は、家事の習慣化にも役立ちます

アマゾンの定期おトク便や楽天市場の定期購入は、1回注文するとあらかじめ設定した頻度で定期的に商品が届きます。このしくみを利用し、たとえば定期おトク便で防カビくん煙剤を2か月に1度の設定で注文すれば、浴室掃除の

サイクルをつくることができます。

さまざまな「サブスク」「レンタル」サービスが登場しています

家電や家具を「購入前にお試ししたい」「不要になったときに処分するのがもったいないし面倒」という方は、レンタルサービスやサブスクサービスがおすすめ。家電レンタルでは、電気圧力鍋や食洗機などのキッチン家電、ロボット掃除機などさまざまな家電を借りられます。無印良品では家具の月額定額サービスを行っています。ベッド、イス、収納家具などがレンタルできますよ。

家にモノが多い方は、1箱月額数百円から預けられる「サマリーポケット」がトランクルームよりお手軽です。預けたものをスタッフが1点ずつ撮影してリスト化してくれ、アイテム単位で取り出し可能です。掃除が苦手な方は、ダスキンのモップやワイパーのレンタルサービスはいかがでしょうか。ダスキンのFAQには「モップの返却前には、靴箱やサッシ、エアコンの室外機などもおそうじして、真っ黒にしてお返しください」とあります。自分の道具だと汚れて躊躇するようなところも徹底的にお掃除するようになりますよ。こうした便利なサービスは家事の心強い味方になりますね。

本書に登場する
「疲れない家事」に役立つグッズ

本書の文中で★マークがついているグッズを
著者のウェブページで紹介しています。
ぜひアクセスしてみてください。

URL | http://honma-asako.com/secondlife

※本ウェブページで紹介する商品は、生産中止などで変更する場合もございます。また、予告なくページの公開が終了となる場合もございますので、御了承ください。

＊本書は２０２２年９月にＡ５判で小社より刊行された『60歳からの疲れない家事』に大幅に加筆・修正し、再編集したものです。

人生の活動源として

いま要求される新しい気運は、最も現実的な生々しい時代に吐息する大衆の活力と活動源である。

文明はすべてを合理化し、自主的精神はますます衰退に瀕し、自由は奪われようとしている今日、プレイブックスに課せられた役割と必要は広く新鮮な願いとなろう。

いわゆる知識人にもとめる書物は数多く窺うまでもない。

本刊行は、在来の観念類型を打破し、謂わば現代生活の機能に即する潤滑油として、逞しい生命を吹込もうとするものである。

われわれの現状は、埃りと騒音に紛れ、雑踏に苛まれ、あくせく追われる仕事に、日々の不安は健全な精神生活を妨げる圧迫感となり、まさに現実はストレス症状を呈している。

プレイブックスは、それらすべてのうっ積を吹きとばし、自由闊達な活動力を培養し、勇気と自信を生みだす最も楽しいシリーズたらんことを、われわれは鋭意貫かんとするものである。

—創始者のことば—　小澤和一

著者紹介

本間朝子〈ほんま　あさこ〉

知的家事プロデューサー。不動産やフード業界での企画職を経て独立。自分自身が仕事と家事の両立に苦労した経験から、時間と無駄な労力を省く家事メソッド「知的家事」を考案。「時間がない」「家事が大変」と悩む人々の負担を軽減している。一般向けのセミナーや講演に加え、介護や育児などで忙しい社員が退職せずに就業を継続できることを目的とした企業向けのセミナーを精力的に実施している。NHK「あさイチ」や日本テレビ「ヒルナンデス！」などのテレビ番組、雑誌「クロワッサン」「レタスクラブ」で活躍。テレビドラマでは時短家事アドバイザーを担当。住宅の家事動線プロデュースや家事グッズの商品企画も手掛ける。著書に『家事の手間を9割減らせる部屋づくり』（小社）、『ゼロ家事』（大和書房）など多数。

イラストでよくわかる
60歳《さい》からの疲《つか》れない片《かた》づけと家事《かじ》　青春新書 PLAYBOOKS

2025年4月25日　第1刷

著　者　本《ほん》間《ま》朝《あさ》子《こ》
発行者　小澤源太郎

責任編集　株式会社プライム涌光
電話　編集部　03(3203)2850

発行所　東京都新宿区若松町12番1号 〒162-0056　株式会社青春出版社
電話　営業部　03(3207)1916　振替番号　00190-7-98602

印刷・三松堂　製本・フォーネット社

ISBN978-4-413-21225-0